Gli struzzi 481

ISBN 88-06-13608-6

Norberto Bobbio

De senectute

e altri scritti autobiografici

Nota ai testi e nota biografica
a cura di Pietro Polito

Einaudi

Indice

De senectute
e altri scritti autobiografici

A me stesso

Leggo nel *Diario italiano 1840-41* di John Ruskin alla data 28 dicembre 1840: «È una gran seccatura tenere un diario, ma anche una grande delizia averlo tenuto»[1]. Durante la mia vita ho sempre evitato questa seccatura. Ma ora che sono vecchio non posso godere della «grande delizia» di poterlo usare. Devo accontentarmi di una miriade di foglietti scritti nelle piú diverse occasioni, spesso senza data, riuniti in cartelline senza alcun ordine prestabilito, dove ho trascritto un brano da citare o il titolo di un libro, fissato un'idea che mi era balenata in mente, leggendo, passeggiando, fantasticando. Spesso sono colloqui immaginari con interlocutori reali, scrittori, giornalisti, visitatori occasionali. Vi esprimo sentimenti e risentimenti, simpatie e antipatie, insofferenze, piccole indignazioni e grandi sdegni, ma anche commenti a fatti del giorno, brevi ragionamenti per sciogliere un dubbio, argomenti pro o contro una tesi controversa, abbozzi di scritti futuri. Spesso questi foglietti contengono annotazioni autobiografiche, buttate giú non tanto per tramandare ai posteri eventi memorabili, quanto per dare sfogo a uno stato d'animo ansioso, riflettere su un errore commesso allo scopo di non ripeterlo, annotare un difetto per liberarmene, rendendomene consapevole e confessandolo, se non altro a me stesso. Ho scritto, e continuo a scrivere, nonostante l'avvento del telefono, moltissime

[1] J. Ruskin, *Diario italiano 1840-41*, trad. it. Mursia, Milano 1992, p. 55.

lettere solo in piccola parte conservate, in cui mi accade spesso di essere costretto a parlare di me per rispondere a domande di lettori. Sono grato a Guido Ceronetti per le parole, da me subito annotate, scritte recentemente: «Quando ho l'occasione..., faccio appassionata apologia dello scrivere lettere tra esseri pensanti non ancora ridotti a bruti, comunicanti soltanto per telefono, telefonini e fax. Non basta dire: *homo cogitat*. L'uomo che pensa davvero scrive lettere agli amici»[2]. Proprio gli amici sanno che non amo essere chiamato al telefono. La richiesta, purtroppo frequente, di un'intervista telefonica, mi mette in agitazione. Prima di farmi chiamare alcuni habitués della telefonata chiedono a mia moglie: «Di che umore è Norberto?» Altri mettono le mani avanti: «Mi dispiace disturbarti, ma avrai notato che è un mese che non ti telefono».

Il mio ritratto potrebbe cominciare proprio dalla fragilità e dalla vulnerabilità dei miei nervi. Potrei far mia, se pure in forma parodistica, l'autodefinizione di un poeta giapponese letta recentemente: «Non possiedo una filosofia ma soltanto nervi»[3]. Quand'ero un ragazzo e mi preparavo alla confessione, i grandi per facilitarmene l'adempimento mi suggerivano di dare particolare rilievo al peccato di cui piú frequentemente a loro giudizio mi macchiavo: l'ira. Appresi allora a dire una parola che usavo soltanto in quella occasione, non ricordo piú se «irascibile», o l'ancor piú dotto «iracondo», invece chi sa perché del piú banale «collerico». A scuola, quando eravamo già grandicelli ero noto e amichevolmente preso in giro per certe improvvise furie – chiamate «sacri sdegni» – che mi coglievano quando mi accadeva di ascoltare facezie volgari, vedevo i piú deboli vittime di uno

[2] G. Ceronetti, *La nostra libertà di sgrammaticare*, in «La Stampa», 2 ottobre 1995.

[3] Citato da I. Brodskij, *La mia vita è un'astronave*, in «Micromega», 3, 1996, p. 162.

scherzo di cattivo gusto, subivo io stesso un rimprovero che ritenevo ingiusto o mi sentivo offeso da un gesto villano. Da adulto l'interessamento per la politica, anche se non è mai diventato passione esclusiva, tanto meno morbosa, è stato una fonte continua e inesauribile di arrabbiature. Lo è tuttora, ma in questi ultimi anni sono diventato, se non piú indulgente – ci sono tre o quattro personaggi in giro che non posso soffrire –, meno intollerante, soprattutto meno focoso. Riesco a vedere anche il lato comico di qualcuno di loro, mi sfogo con qualche versicolo e metto il cuore in pace.

Anche la scuola ha avuto la sua parte: specie gli esami che duravano ore e ore con studenti spesso scadenti che cercavano di farla franca con astuzie risaputissime. Ne ricordo uno, che parlando sempre io mentre lui stava sempre zitto, alla fine di ogni mia spiegazione diceva con ossequio per blandirmi: «Esatto». Con questo non vorrei lasciar credere che io ami il gioco dei professori che si divertono a raccontare le asinerie degli studenti, corrispondente esattamente a quello degli studenti che si divertono a raccontare le asinerie dei professori. Credo di esser stato annoverato nella schiera dei professori di manica larga, ma veniva il momento in cui, o per stanchezza o per l'avvertita convinzione della inutilità di quell'a tu per tu con un esaminando, perdevo le staffe e lo strapazzavo. Chissà che a qualcuno di costoro capiti di leggere queste pagine e si sfoghi finalmente scrivendomi di avermi detestato. Mi accade di incontrare vecchi allievi che rievocano con lodi sperticate, dovute a un involontario abbellimento dei ricordi del passato o a una innocente inconsapevole reverenziale adulazione del vecchio maestro, le mie lezioni. A torto, però, perché non sono mai stato convinto di essere un bravo oratore, tanto da aver tratto conforto da questa confessione di Croce, che non ho mai dimenticata dopo averla letta la prima volta: «E poi a me riesce piú facile scrivere che parlare; io sono poco allenato alle destrezze oratorie»[4]. Non mi è mai accaduto sinora che qualcuno mi abbia detto o scritto parole sgradevoli sulle mie forse discutibili, e per lui insufficienti, doti di insegnante. Se accadesse, non mi stupirei, né mi adonterei. Sarebbe, se mai, una afflizione dovuta e alla fine liberatoria.

Di queste mie furie mi sono sempre pentito ma non sono riuscito se non raramente a dominarle. Proprio perché non sempre le domino, non appena torno in me, il che accade quasi sempre subitamente, come fulminea è stata la mia uscita di senno, ci rimango male, e ne soffro. Mi dolgo di aver permesso a uno dei due destrieri dell'anima irrazionale, quella irascibile (qui la parola dotta è al suo giusto posto) di aver prevalso su quella nobile dell'anima razionale.

Ho una tendenza, sulla quale non ho mai cercato di andare al di là di quello che affiora alla coscienza nei momenti di ripiegamento su se stessi e di malumore (frequentissimo) nelle giornate in cui sembra che tutto vada per traverso, all'autoflagellazione e all'autodistruzione, corrette fortunatamente nelle ore di bonaccia da una controtendenza salutare all'autocommiserazione. Il dubitare di me stesso, e la scontentezza dei traguardi raggiunti, molti dei quali insperati, imprevisti, sono sempre scaturiti, se non proprio dalla convinzione, dal sospetto, che la facilità con cui sono riuscito a percorrere la mia strada, per molti miei coetanei impervia, fosse dovuta piú alla buona sorte e all'indulgenza altrui che alle mie virtú, se non addirittura ad alcuni miei difetti vitalmente utili, come quello di sapermi ritirare in tempo prima di aver compiuto l'ultimo passo, il piú rischioso (un argomento su cui potrei scrivere un trattatello, che intitolerei, *Del mio moderatismo*).

[4] B. Croce, *Pagine sparse*, volume primo, *Letteratura e cultura*, Ricciardi, Napoli 1943, p. 262.

Non essendo mai stato in pace con me stesso, ho cercato disperatamente di essere in pace con gli altri. Non so se vi sia eguale corrispondenza tra pace interna e pace esterna nei rapporti fra stati. Ma sarei tentato di dire di sí. Ancora una volta, senza voler cercare dotte spiegazioni che lascio volentieri ai competenti, credo che al fondo della mia insicurezza, che genera ansietà e favorisce una irresistibile vocazione al catastrofismo, ci sia la difficoltà che ho dovuto superare fin dall'adolescenza per imparare l'arte del vivere, aggravata dalla convinzione di non averla mai bene appresa, nonostante un tirocinio di eccezionale durata. Da bambino ero noto e compatito, talora anche trascurato, per la mia timidezza. I parenti che mi conobbero allora, mi hanno sempre ricordato la rapidità e la frequenza con cui arrossivo se un estraneo mi rivolgeva la parola, e subito dopo arrossivo per essere arrossito. Gli arroganti, gli spavaldi, i troppo sicuri di sé, magari li ammiro ma mi danno sui nervi. Non li invidio, perché, a parte il fatto che l'invidia non rientra nel novero dei peccati di cui dovrei confessarmi, consiste nel dolersi del successo altrui. Di fronte al successo degli spavaldi, degli arroganti, dei troppo sicuri di sé, riesco a essere completamente indifferente.

In pace con gli altri. In tanti anni di partecipazione attiva alla vita pubblica e in pubblico ho avuto naturalmente molti avversari. Ma ritengo di non averli mai né cercati né coltivati. Non sempre ho risposto alle critiche, anche perché spesso le obiezioni colgono nel segno ed è piú saggio trarne profitto che sforzarsi a freddo, per una pura ragione di puntiglio, di trovare argomenti per confutarle. Uno dei miei motti preferiti: «Non è mai tardi per imparare». Al contrario, le stroncature mi abbattono e mi paralizzano privandomi della lucidità necessaria per rispondere. Se ha ragione lui, lo stroncatore, e perché non dovrebbe aver ragione?, farei bene a cambiare mestiere. Ancora adesso mi scuote e mi turba la prima che abbia avuto subito dopo la guerra nella piú autorevole rivista filosofica inglese[5]. Come avrei potuto replicare? Ne fui tramortito come se fossi stato colpito da un fulmine. Quando mi lascio prendere dalla tentazione di inorgoglirmi per il successo di un libro che ha venduto tante copie ed è stato tradotto – la migliore rivincita – anche in inglese, o di una conferenza salutata alla fine da applausi prolungati, penso fra me e me: «Ricordati che cosa hanno scritto di te il tale, il tal'altro e il tal'altro ancora».

Talora ho risposto con asprezza, lo ammetto. Ci sono alcuni temi su cui non sono disposto tanto facilmente a scendere a patti. La lingua batte dove il dente duole. Pur non essendomi mai comportato da reduce del partito d'azione, nel quale fra l'altro ho avuto una parte piccolissima, da comparsa, ho sempre mal tollerato i due rimproveri opposti che si muovono spesso e pervicacemente agli azionisti: di essere stati come anticomunisti troppo blandi, come antifascisti troppo severi, in una parola di non essere equidistanti. Che ci sia del vero in questa osservazione, non lo posso negare. Ritengo, però, che la non equidistanza abbia le sue buone ragioni. Ma ne ho parlato tante volte. Non insisto. In questi ultimi anni di revisionismo storico mi accade di constatare a mia volta con amarezza che il rifiuto dell'antifascismo in nome dell'anticomunismo ha finito spesso di condurre a un'altra forma di equidistanza che io considero abominevole: tra fascismo e antifascismo. Questa equidistanza, che risale molto addietro a chi aveva predicato, subito all'inizio della ricostruzione democratica, la necessità di andare al di là del fascismo e dell'antifascismo, preclude alle giovani generazioni di cogliere la differenza tra uno stato di polizia e uno stato di diritto, tra una dittatura an-

[5] Mi riferisco alla recensione di Mario M. Rossi, apparsa nella rivista filosofica inglese «Mind», 58, 1949, pp. 114-15, al mio libretto *The Philosophy of Decadentism. A Study in Existentialism*, translated by D. Moore, Basil Blackwe, Oxford 1948.

che se meno feroce di quella nazista e una democrazia zoppa come quella della Prima Repubblica (che nonostante tutto continua a zoppicare), e di rendersi conto che il fascismo, la prima dittatura imposta nel cuore d'Europa dopo la prima guerra mondiale, responsabile, se pure sottomessa al suo potente alleato, di aver scatenato la seconda guerra mondiale, terminata in una tragica sconfitta, è stata un'onta nella storia di un paese che era da tempo nel numero delle nazioni civili. Di quest'onta ci libereremo soltanto se riusciremo a renderci conto sino in fondo del prezzo che il paese ha dovuto pagare per la prepotenza impunita di pochi e l'obbedienza, se pure coatta e non sempre ben sopportata, di molti.

Non pretendo di solito di avere l'ultima parola. Non mi piace e non mi dà alcuna soddisfazione. Detesto le discussioni che non finiscono mai, unicamente per motivi di prestigio, e non per necessità dialogica. Dopo lo scambio di opinioni cerco di adoperarmi per evitare la rottura e percorrere la via della conciliazione. Alla fine preferisco tendere la mano che voltare le spalle. Lo scopo del dialogo non è dimostrare che sei piú bravo, ma o raggiungere un accordo o per lo meno chiarirsi reciprocamente le idee.

Non amo avere nemici, ho detto. Ho già troppo da fare per risolvere i conflitti interiori, prendere le misure necessarie per sbrigarmela, da impratico quale sono (sarebbero guai se non ci fosse mia moglie), anche nelle piccole faccende quotidiane, e sventare il rischio di affogare in un bicchier d'acqua, per concedermi il lusso di allevare nemici vivi e attivi davanti a me o, peggio, alle mie spalle. Non sempre ci sono riuscito. Ma il non essere riuscito a convertire il nemico all'amicizia o perlomeno a un leale e duraturo accordo tra gentiluomini, è una sconfitta.

Sono sempre stato, o m'illudo di essere stato, un uomo del dialogo piú che dello scontro. La capacità di dialogare e di scambiarsi argomenti, anziché accuse reciproche accompagnate da insolenze, sta alla base di una qualsiasi pacifica convivenza democratica. Del dialogo ho fatto non so quante volte l'apologia, pur senza averlo trasformato in un feticcio. Non basta parlarsi per intraprendere un dialogo. Non sempre coloro che parlano l'uno con l'altro parlano di fatto fra loro: ciascuno parla per se stesso o per la platea che l'ascolta. Due monologhi non fanno un dialogo. Ci si può servire della parola per nascondere le proprie intenzioni piú che per manifestarle, per ingannare l'avversario piuttosto che per convincerlo. Non solo ho fatto l'elogio del dialogo, ma l'ho a lungo praticato. Ho anche fatto esperienza del dialogo fra sordi, del dialogo in malafede, del finto dialogo in cui uno dei due interlocutori, se non tutti e due, sa già in anticipo dove vuole arrivare, fermamente convinto sin dall'inizio che non dovrà retrocedere di un passo dalla posizione iniziale, del dialogo inconcludente, ed è il caso piú frequente, in cui alla fine ciascuno resta della propria idea, e si conforta concludendo che il dialogo è stato particolarmente utile perché le idee gli sono diventate piú chiare (il che non sempre è vero, spesso è falso). Il dialogo l'ho anche praticato, se non altro perché il cedere alla tentazione dello scontro, e talvolta, nonostante i buoni proponimenti ho ceduto, è un atto di debolezza. Non tutti i dialoghi sono arrivati alla fine. Spesso si sono persi per strada, ora per colpa dell'uno ora per colpa dell'altro. In questi ultimi tempi, lo riconosco, anche per colpa mia. I pensieri di una persona anziana tendono a irrigidirsi. A una certa età si stenta a cambiar opinione. Si diventa sempre piú ostinati nelle proprie convinzioni, piú indifferenti a quelle degli altri. I novatori vengono guardati con sospetto. Sempre piú affezionati alle vecchie idee, e nello stesso tempo sempre piú diffidenti verso le nuove. L'eccessivo attaccamento alle proprie idee rende piú faziosi. Mi rendo conto io stesso che devo guardarmene.

Non è diminuita la curiosità di sapere. Ma è sempre piú difficile soddisfarla, non solo per l'affievolirsi delle energie intellettuali, ma anche per gli spazi sconfinati che la mente umana ha conquistato e continua a conquistare con rapidità vertiginosa in questi ultimi cinquant'anni nella sfera della conoscenza e ancor piú nelle applicazioni pratiche che ne sono derivate. Di quest'era nuova una persona della mia età, per quanto si metta con tutti gli sforzi possibili sulla punta dei piedi, riesce a intravedere soltanto le prime ombre.

Non è del resto necessario, tanto meno è meritevole, restare sempre sulla breccia. È, al contrario, un atto di saggezza – di quella saggezza che viene attribuita come peculiare virtú a chi è giunto alla fine della corsa della vita – guardare senza troppa indulgenza al proprio passato, non fare troppo affidamento sul proprio incertissimo avvenire e, quanto al presente, salire ogni anno piú in alto sugli spalti, cui giungono meno nitide le immagini degli attori e piú fioche le voci della strada.

Mi ha fatto piacere che in un libro ricevuto in questi giorni Giuliano Pontara abbia annoverato tra le dieci caratteristiche della personalità nonviolenta contrapposta alla personalità autoritaria, una di seguito all'altra, la «capacità del dialogo» e la «mitezza»[6]. Quando scrissi il saggio sulla mitezza, a dire il vero, io l'avevo definita una virtú non politica – definizione da Pontara contestata –, anzi avevo affermato che «nella lotta politica, anche in quella democratica, e qui intendo per lotta democratica la lotta per il potere che non ricorre alla violenza, gli uomini miti non hanno alcuna parte»[7]. Ma che la mitezza possa essere considerata una buona disposizione al dialogo, mi pare giusto. Non ci avevo sinora

[6] G. Pontara, *La personalità nonviolenta*, Ed. Gruppo Abele, Torino 1996, p. 40. In particolare, della mitezza discute alle pp. 61-63.

[7] N. Bobbio, *Elogio della mitezza e altri scritti morali*, Linea d'Ombra, Milano 1994, p. 24.

pensato: l'elogio del dialogo e l'elogio della mitezza possono benissimo andare insieme e sostenersi e integrarsi l'uno con l'altro.

Mi sono sempre considerato, e sono sempre stato considerato, un pessimista. Il pessimismo non è una filosofia, ma uno stato d'animo. Io sono un pessimista d'umore e non di concetto. Il pessimismo come filosofia è una risposta, alternativa a quella dell'ottimista, alla domanda: «Dove va il mondo?» E chi lo sa? Forse hanno ragione tutti e due, il pessimista e l'ottimista. Forse nessuno dei due, perché non ha molto senso porsi domande a cui non è possibile dare una risposta.

Il pessimismo come stato d'animo può, invece, avere infinite ragioni. Ne indico alcune ma potrei indicarne altre piú o meno con la stessa forza persuasiva. Una massima d'esperienza, senza pretese teoriche. Diceva Salvemini: «L'arte del profeta è pericolosa ed è bene starsene lontano. Ad ogni modo, quando si vuole profetare, è piú prudente essere pessimisti che ottimisti, perché le cose di questo mondo vanno sempre a rotta di collo»[8]. Una riflessione morale. Ricevendo il Premio Nobel, Montale disse tra l'altro: «... sono stato giudicato pessimista, ma quale abisso di ignoranza e di basso egoismo si nasconde in chi pensa che l'uomo sia il dio di se stesso e che il suo avvenire non può essere che trionfale»[9]. Ma può anche essere un argomento soltanto negativo: il rifiuto dell'ottimismo. Concludo con questo pensiero di Nicola Chiaromonte: «... io credo che, oggi come oggi, il peggior nemico dell'umanità sia l'ottimismo, in qualsiasi forma esso si manifesti. Esso, infatti, equivale puramente e sem-

[8] G. Salvemini, *Memorie di un fuoriuscito*, Feltrinelli, Milano 1960, p. 57.
[9] Citato da D. Porzio, *Con Montale a Stoccolma*, in «Nuova Antologia», n. 2111, novembre 1976, pp. 372-80.

plicemente al rifiuto di pensare, per paura delle conclusioni a cui si potrebbe giungere»[10].

Sono ragioni che valgono quel che valgono. Valgono sin che valgono. In realtà sono, paretianamente, «derivazioni». Ragionamenti non fondativi ma solo giustificativi. Ragionamenti che non fondano le nostre convinzioni ma si limitano a giustificarle di fronte a noi stessi e a coloro che la pensano su per giú come noi. Ma un ragionamento che non ci permette di soddisfare la nostra curiosità intorno alla conoscenza di «come va il mondo» è una prova di piú dell'impotenza della nostra ragione. Per esseri che si sono orgogliosamente definiti «animali razionali», un ulteriore argomento, se mai, per essere pessimisti.

L'idea di raccogliere alcuni miei scritti autobiografici nacque dopo che Giulio Einaudi mi aveva proposto di pubblicare, riveduto e ampliato, il discorso *De senectute* che avevo tenuto in occasione della laurea ad honorem ricevuta dall'Università di Sassari il 5 maggio 1994. Quel discorso, che qui si pubblica con una seconda parte composta per questa edizione e quindi inedita, apre ora il libro, per quanto sia da considerare come la conclusione delle mie saltuarie riflessioni autobiografiche. Saltuarie e occasionali. Ma quanti miei libri sono raccolte di scritti d'occasione! Per chi poi voglia conoscere i pretesti coi quali i saggi qui raccolti sono stati composti rinvio alle precise e particolareggiate informazioni che potrà trovare nella *Nota ai testi* di Pietro Polito (pp. 177-82), cui devo anche la *Nota biografica* (pp. 183-96), e senza i consigli e la costante assistenza del quale il libro non sarebbe neppure nato.

Parlare di sé è un vezzo della tarda età. Si può attri-

[10] N. Chiaromonte, *Silenzio e parole*, Rizzoli, Milano 1978, p. 232.

buirlo a vanità soltanto in parte. Può dipendere anche da amichevoli sollecitazioni cui peraltro si cede di buon grado.

Il primo in ordine cronologico degli scritti qui raccolti risale al 1979, quando avevo 70 anni, ed era l'anno del compimento del mio insegnamento universitario da cui faccio cominciare la terza ed ultima fase della mia vita, quella della riflessione, che segue agli anni di prova – 1940-1948 – e alla lunga trentennale monotona età della routine accademica – 1948-1979. Vengono ripubblicati con alcuni ritocchi formali, con l'eliminazione delle parole di circostanza, con la soppressione, per quanto è stato possibile, di ripetizioni dovute al loro carattere di discorsi pronunciati in analoghe circostanze, e con l'aggiunta di note illustrative di persone, libri, eventi, menzionati nel testo.

Sono passati quarant'anni da quando ho pubblicato il primo libro da Einaudi. Da allora ne sono usciti altri nove. Il presente, dunque, è l'undicesimo. Colgo l'occasione per annunziare che ce n'è ancora uno, conclusivo, in cantiere, la cui preparazione richiede tempo. Mi auguro che non abbia a vedere la luce postumo.

De senectute

Parte prima

1. *La vecchiaia offesa*.

La vecchiaia è un tema non accademico. Sono un vecchio professore. Permettetemi di parlare, questa volta, non da professore ma da vecchio. Come professore ho parlato tante volte da correre il rischio di ripetermi, rischio tanto piú grave perché, come è noto, i vecchi professori sono tanto innamorati delle proprie idee da essere tentati di tornarci su con insistenza. Mi sto accorgendo io stesso che molte cose che scrivo in questi ultimi anni sono spesso variazioni sullo stesso tema.

Delle mie esperienze di vecchio non ho mai parlato in pubblico, se non per accenni[1], mentre mi sto osservando da tempo. Da quando? La soglia della vecchiaia in questi ultimi anni si è spostata di circa un ventennio. Coloro che hanno scritto opere sulla vecchiaia, a cominciare da Cicerone, erano sulla sessantina. Oggi il sessantenne è vecchio solo in senso burocratico, perché è giunto all'età in cui generalmente ha diritto a una pensione. L'ottantenne, salvo eccezioni, era considerato un vecchio decrepito, di cui non valeva la pena occuparsi. Oggi, invece, la vecchiaia, non burocratica ma fisiologica, comincia quando ci si approssima agli ottanta, che è poi l'età me-

[1] Vedi: *Prefazione* a F. Santanera e M. G. Breda, *Vecchi da morire*, Rosenberg & Sellier, Torino 1987, pp. 3-6; *I valori ed i diritti umani degli anziani cronici non sufficienti*, in Aa.Vv., *Eutanasia da abbandono*, Rosenberg & Sellier, Torino 1988, pp. 47-59; *L'età del tempo libero*, in Aa.Vv., *L'anziano attivo. Proposte e riflessioni per la terza e la quarta età*, Fondazione Agnelli, Torino 1991, pp. 11-13.

dia della vita, anche nel nostro paese, un po' meno per i maschi, un po' piú per le donne. Lo spostamento è stato tale che il corso della vita umana, tradizionalmente diviso in tre età, ormai anche nelle opere sul tema dell'invecchiamento e nei documenti ufficiali, si è prolungato nella cosiddetta «quarta età». Nulla prova però la novità del fenomeno meglio che il constatare la mancanza di una parola per designarlo: anche nei documenti ufficiali agli *agés* seguono i *très agés*. Chi vi parla è un non meglio definito *très agé*.

Sapete benissimo che accanto alla vecchiaia anagrafica o cronologica e a quella biologica e a quella burocratica, c'è anche la vecchiaia psicologica o soggettiva. Biologicamente, io faccio cominciare la mia vecchiaia alle soglie degli ottant'anni. Ma psicologicamente mi sono sempre considerato un po' vecchio, anche quando ero giovane. Sono stato un giovane da vecchio e da vecchio mi sono considerato ancora giovane sino a pochi anni fa. Adesso credo proprio di essere un vecchio-vecchio. Su questi stati d'animo hanno un'importanza determinante anche le circostanze storiche, quello che accade intorno a te, tanto nella vita privata (ad esempio, la morte di una persona cara) quanto nella vita pubblica. Non vi nascondo che negli anni della contestazione, quando sorse una generazione ribelle ai padri, mi sentii improvvisamente invecchiato (ero sulla sessantina). Dalle crisi di vecchiaia psicologica ci si può riprendere. Piú difficile, dall'invecchiamento biologico, anche se oggi la medicina e la chirurgia fanno miracoli. La seconda crisi storica, ben piú grave, è quella avvenuta nel mondo, con effetti gravi anche in Italia, in questi ultimi anni, quasi a dar ragione a coloro che interpretano il corso della storia secondo il passaggio da una generazione all'altra. Da questa seconda crisi sono uscito, come molti miei coetanei, tramortito, molto piú che dalla prima, tanto da avere talora la sensazione di sopravvivere a me stesso.

Quando ho scelto il tema, che rimuginavo tra me e me da tempo, non avrei mai immaginato che sarebbe diventato anche attuale, se pure di una attualità effimera. È di questi giorni, dopo le elezioni del marzo 1994 e il rinnovamento in gran parte generazionale della nostra classe dirigente, l'improvviso riaccendersi dell'antica e sempre nuova *querelle* dei giovani contro i vecchi. Ho vissuto in prima persona questa vicenda, che ha avuto anche qualche aspetto grottesco, quando parve che i pochi senatori a vita, di cui la maggior parte sono, come me, ultraottantenni, pur essendo soltanto una minoranza trascurabile e abitualmente trascurata, facessero vincere con il loro voto il candidato dell'opposizione. Quelli che un tempo si sarebbero chiamati con una solennità, lo ammetto, che appare oggi un po' ridicola, vegliardi, furono chiamati senza tanti complimenti «quei vecchioni». Ci fu anche chi, un grande regista, che ha il gusto della maldicenza, ebbe a commentare: «Bello era vedere la triste sfilata dei senatori a vita, uno piú cadaverico dell'altro, una vecchia Italia che non vogliamo piú e che si è seppellita da sola». Come accade ormai sempre piú in tempi di inflazione di carta stampata, il tema ebbe qualche giorno di gloria, tanto che un giornale, riassumendo il dibattito, lo pose sotto il titolo «Giovinezza, giovinezza»[2].

[2] Pietro Buscaroli, dotto e ben noto musicologo, ha scritto nella stessa occasione su «Il Giornale» del 1° maggio 1994, in un articolo contro Paolo Emilio Taviani, senatore a vita lui pure: «Son vecchie cariatidi, scrollerà le spalle l'ottimista. Vecchie, ma putride di veleni e rancori, e quanto male possono fare, l'ha dimostrato la votazione per il Presidente del Senato. Proprio quelle cariatidi velenose, avanzi illeciti e indebiti del regime delle bombe e delle tangenti, per poco ci ributtavano tra i piedi il rotondo patriarca del consociativismo, a proprio uso e consumo. Ora il 25 aprile è passato, e con lui gli spettri e gli incubi ai quali il Taviani affidava le sue speranze e quelle dei suoi amici. Ma l'eredità maligna del loro tempo non è liquidata ancora». (P. Buscaroli, *Taviani nega tutto o quasi ma arranca nella confusione*, «Il Giornale», 1° maggio 1994, pp. 1 e 6).

2. *Ma quale saggezza?*

Intendiamoci, l'emarginazione dei vecchi in un'età in cui il corso storico è sempre piú accelerato, è un dato di fatto, che è impossibile ignorare. Nelle società tradizionali statiche che si evolvono lentamente, il vecchio racchiude in se stesso il patrimonio culturale della comunità, in modo eminente rispetto a tutti gli altri membri di essa. Il vecchio sa per esperienza quello che gli altri non sanno ancora, e hanno bisogno di imparare da lui, sia nella sfera etica, sia in quella del costume, sia in quella delle tecniche di sopravvivenza. Non solo non cambiano le regole fondamentali che reggono la vita del gruppo, riguardanti la famiglia, il lavoro, i momenti ludici, la guarigione delle malattie, l'atteggiamento rispetto al mondo di là, il rapporto con gli altri gruppi, ma non cambiano neppure, e si tramandano di padre in figlio, le abilità. Nelle società evolute il mutamento sempre piú rapido sia dei costumi sia delle arti ha capovolto il rapporto tra chi sa e chi non sa. Il vecchio diventa sempre piú colui che non sa rispetto ai giovani che sanno, e sanno, tra l'altro, anche perché hanno maggiore facilità di apprendimento.

Già Campanella alla fine della *Città del Sole* fa dire al viaggiatore: «Oh se sapessi che cosa dicono per astrologia e per l'istessi profeti nostri ed ebrei e d'altre genti di questo secolo nostro, c'ha piú istoria in cento anni che non ebbe il mondo in quattromila, e piú libri si fecero in questi cento che in cinquemila». Oggi si dovrebbe dire non cento, ma dieci. Quando parlava dei libri Campanella alludeva all'invenzione della stampa, proprio a un'invenzione tecnica, com'è un'invenzione tecnica il computer, che, anch'esso, ha aumentato smisuratamente il numero dei libri, tanto che se ne stampano oggi in un anno probabilmente quanti se ne erano stampati in tutto il secolo cui Campanella si riferisce.

Tuttavia, non bisogna tener conto soltanto del fatto oggettivo, ovvero della rapidità del progresso tecnico, specie nella produzione di strumenti che moltiplicano il potere dell'uomo sulla natura e sugli altri uomini, e lo moltiplicano tanto rapidamente da lasciare indietro chi si ferma per strada, o perché non ce la fa piú o perché preferisce sostare per riflettere su se stesso, per tornare in se stesso, dove, diceva sant'Agostino, abita la verità. Ad accrescere l'emarginazione del vecchio concorre anche un fenomeno che è di tutti i tempi: l'invecchiamento culturale, che accompagna sia quello biologico sia quello sociale. Il vecchio, come ha osservato Jean Améry, nel libro *Rivolta e rassegnazione. Sull'invecchiare*[3], tende a restare fedele al sistema di principî o valori appresi e interiorizzati nell'età che sta fra la giovinezza e la maturità, o anche soltanto alle sue abitudini, che, una volta formate, è penoso cambiare. Siccome il mondo attorno a lui cambia, tende a dare un giudizio negativo sul nuovo, unicamente perché non lo capisce piú, e non ha piú voglia di sforzarsi a comprenderlo. Proverbiale è la figura del vecchio *laudator temporis acti*: «Fiorenza dentro da la cerchia antica | ond'ella toglie ancora e terza e nona | si stava in pace, sobria e pudica». Quando parla del passato il vecchio sospira: «Ai miei tempi». Quando giudica il presente, impreca: «Che tempi!»

Quanto piú mantiene fermi i punti di riferimento del suo universo culturale, tanto piú il vecchio si estrania dal proprio tempo. Mi sono ritrovato in questa frase di Améry: «Quando il vecchio si accorge che il marxista, da lui certamente e non a torto considerato campione dell'esercito razionalista, adesso si riconosce per certi versi in Heidegger, lo spirito dell'epoca deve apparirgli fuorviato, anzi autenticamente dissociato: la matematica

[3] J. Améry, *Rivolta e rassegnazione. Sull'invecchiare*, presentazione di C. Magris, Bollati Boringhieri, Torino 1988.

filosofica della sua epoca si trasforma in quadrato magico»[4]. I sistemi filosofici si susseguono in un processo che chi lo vive interpreta come un succedersi non di superamenti ma di arretramenti. Il sistema con cui avevi creduto di superare il precedente viene poi superato da quello che lo segue. Ma tu, andando avanti negli anni, non ti accorgi di essere diventato ormai un superatore superato. Stai immobile fra due estraniamenti, il primo rispetto al sistema precedente, il secondo rispetto al seguente. Tanto piú grave è questo senso di estraniamento quanto piú rapido è anche in questo campo il succedersi dei sistemi culturali. Non hai tempo di apprendere, mi limito a dire «apprendere», non dico neppure «assimilare», una corrente di pensiero che già se ne affaccia un'altra. Non è del tutto errato parlare di «mode». Mi vengono le vertigini al pensiero a quante ascese e cadute, a quante apparizioni folgoranti seguite da capitomboli repentini, a quanti improvvisi trapassi dalla memoria all'oblio, una persona della mia età ha assistito. Non puoi inseguirli tutti. A un certo punto sei costretto a fermarti ansimante, e ti consoli fra te e te dicendo: «Non ne vale la pena». C'è un momento, osserva ancora Améry, che segna «la fine della possibilità di andare oltre se stessi in senso culturale»[5]. Insinua anche che siano i cinquant'anni il momento della svolta.

Non conviene generalizzare. Ma io stesso sono pronto a riconoscere che c'è una quantità di opere filosofiche, letterarie, artistiche, che non mi riesce piú di capire e da cui rifuggo perché non le capisco. Il nostro pensiero corre allo «spirito del tempo» hegeliano. Si pensi alla contrapposizione tra classicismo e romanticismo che divide una lunga epoca storica in mezzo alla quale c'è un evento dirompente come la Rivoluzione francese. Una divisione

[4] Ivi, p. 103.
[5] Ivi, p. 112.

cosí netta forse oggi non si può fare. Nulla di simile in questi ultimi cinquant'anni, in cui abbiamo assistito al susseguirsi di indirizzi e di personalità, tanto rapidamente emergenti quanto rapidamente sommerse dalle onde successive. Si pensi a un personaggio come Sartre, ma dopo Sartre, per restare in Francia, Levy-Strauss, Foucault, Althusser. Tanti maestri, nessun maestro. L'unica divisione che abbiamo proposto è tra il moderno e il post-moderno, ma è abbastanza singolare che di questa novità del nostro tempo non si sia sinora trovato un nome se non aggiungendo un debolissimo «post» all'epoca precedente. «Post» vuol dire semplicemente che viene dopo.

3. *Retorica e antiretorica*.

Non ignoro che c'è nella nostra storia letteraria una lunga tradizione retorica di trattatelli scritti per esaltare la virtú e la felicità della vecchiaia, dal *De senectute* di Cicerone, scritto nel 44 a.C. quando l'autore aveva 62 anni, all'*Elogio della vecchiaia* di Paolo Mantegazza, apparso alla fine del secolo scorso, scritto all'età di 64 anni. Queste opere costituiscono un vero e proprio genere letterario, comprendendo, insieme con l'apologia della vecchiaia, la sdrammatizzazione della morte. Il tema è trattato da Cicerone secondo il modulo classico del disprezzo della morte[6]. Anche i giovani muoiono. E poi di che preoccuparsi se l'anima sopravvive al corpo? «Un albergo ci ha dato la natura per fermarvisi, non per abitarvi. Bellissimo sarà il giorno che partirò verso quel divino ritrovo e concilio delle anime, e mi staccherò da questa

[6] Vedi anche P. Laslett, *Una nuova mappa della vita. L'emergere della terza età*, il Mulino, Bologna 1992, in cui, contro la retorica della vecchiaia, giudica verbosa l'opera di Cicerone. Per un elenco di luoghi comuni sulla vecchiaia, vedi la rubrica «Nudi al 2000», di Ugone di Certoit [G. Ceronetti] ne «La Stampa» del 3 marzo 1996.

turba e confusione». Piú prosaicamente il positivista darwiniano Mantegazza si libera dal pensiero della morte con uno sbrigativo: «Basta non pensarci»[7]. Perché tormentarsi al pensiero della morte? E poi la morte non è che il ritorno alla natura in cui confluiscono tutte le cose.

Non ho bisogno di dirvi che considero queste opere apologetiche, stucchevoli. Tanto piú fastidiose quanto piú la vecchiaia è diventata, come dicevo, un grande e irrisolto, difficile da risolvere, problema sociale, non solo perché è aumentato il numero dei vecchi, ma anche perché è aumentato il numero degli anni che si vivono da vecchi. Piú vecchi e piú anni di durata della vecchiaia: moltiplicate un numero per l'altro e otterrete la cifra che rivela l'eccezionale gravità del problema. Mi raccontava un medico che si era trovato un giorno in mezzo ad ammalati che parlavano della vecchiaia e naturalmente si lamentavano. Ma uno di essi interloquí: «Non è che la vecchiaia sia brutta. Il guaio è che dura poco». Davvero dura poco? Per quanti vecchi malati, non autosufficienti, dura, invece, troppo! Chi vive in mezzo ai vecchi, sa per quanti di loro la tarda età è diventata, anche grazie ai progressi della medicina che spesso non tanto ti fa vivere quanto ti impedisce di morire, una lunga, e spesso sospirata, attesa della morte. Non tanto un continuare a vivere, ma un non poter morire. Ha scritto Dario Bellezza: «Fugace è la giovinezza | un soffio la maturità | avanza tremenda | vecchiaia e dura | un'eternità».

Eppure anche oggi c'è una retorica della vecchiaia che non prende la forma, peraltro nobile, della difesa dell'ultima età contro il dileggio, se non addirittura il disprezzo, che vengono dalla prima, ma si presenta, soprattutto attraverso i messaggi televisivi, con una forma larvata e peraltro efficacissima di *captatio benevolentiae* verso

[7] P. Mantegazza, *Elogio della vecchiaia*, Treves, Milano 1895, p. 189.

eventuali nuovi consumatori. In questi messaggi non il vecchio, ma l'anziano, termine neutrale, appare ben portante, sorridente, felice di essere al mondo, perché può finalmente godere di un tonico particolarmente corroborante o di una vacanza particolarmente attraente. E cosí anche lui diventa un corteggiatissimo fruitore della società dei consumi, portatore di nuove domande di merci, benvenuto collaboratore dell'allargamento del mercato. In una società dove tutto si può comprare e vendere, dove tutto ha un prezzo, anche la vecchiaia può diventare una merce come tutte le altre. Basta guardarsi attorno, allungare il proprio sguardo nelle case di riposo e negli ospedali, o nei piccoli appartamenti della povera gente che ha un vecchio in casa da sorvegliare e continuamente curare, perché non può essere lasciato solo neppure un momento, per rendersi conto di quanto sia falsa la raffigurazione non disinteressata, ma interessatamente lusingatrice, del «vecchio è bello». Formula banale, adatta alla società del mercato, che ha sostituito l'elogio del vecchio virtuoso e sapiente[8].

Sulle condizioni dei vecchi poveri rinvio alle numerose inchieste in cui sono loro stessi a recare la loro dolorosa testimonianza, e quella, non meno dolorosa, e in certi casi ancora piú compassionevole, dei familiari. Mi riferisco in modo particolare, perché vi ho partecipato io stesso, ad alcune raccolte di scritti e testimonianze come *Vecchi da morire* (1987), ed *Eutanasia da abbandono* (1988), pubblicate nei «Quaderni di promozione sociale», diretti da Mario Tortello.

Raccomando soprattutto il libretto di Sandra Petrignani, *Vecchi*[9], la cui lettura mi ha insieme affascinato e

[8] Sul mascheramento della vecchiaia, il giovanilismo dei vecchi imposto dal consumismo, e altre osservazioni sull'argomento, vedi A. Spagnoli, *«... e divento sempre piú vecchio». Jung, Freud, la psicologia del profondo e l'invecchiamento*, Bollati Boringhieri, Torino 1995, pp. 145 sgg.

[9] Sandra Petrignani, *Vecchi*, Theoria, Roma-Napoli 1994.

sconvolto, tanto intensa ed efficace è la rappresentazione del mondo dei vecchi in ospizio. Mi ha fatto riflettere sul tema della vita e della morte piú che un saggio filosofico. I vecchi che si confidano all'autrice sono quasi tutti senza speranza. Non affiora quasi mai neppure la speranza religiosa. Sono letteralmente dei disperati. Scrive una vedova di 85 anni il cui figlio è morto in una sciagura: «La vita è sempre un errore. Per niente al mondo la rivivrei [...]. Non esiste una vita bella per nessuno da nessuna parte». Un architetto di 81 anni cui è morta la moglie: «Uno crede di essere affezionato agli oggetti, ai ricordi, alle cose sue. Impiega una vita a costruirsi una casa, i suoi angoletti, le sue poltrone. Poi un giorno non gliene importa piú niente. Niente davvero». Una vecchia di 85 anni che dopo la morte del marito ha «smesso di vivere»: «Non devo mettermi a piangere, è tutto cosí terribile [...]. Non si può immaginare che cosa sia questa attesa di nulla. Non si può. Io non lo so spiegare. Mi viene subito da piangere»; «La nostra vita è come non fosse mai esistita e io, piano piano, sto dimenticando tutto, e quando avrò dimenticato proprio tutto, morirò e non se ne parlerà piú». La vecchia ricamatrice, che non si è mai sposata, e ha perso l'unica amica suicida: «Dormo, quando non dormo piango. Vorrei sbattere la testa contro il muro. Ho 83 anni. Troppi. Dovrei essere già morta: tanto a nessuno importa di me, nessuno al mondo sa che io esisto». Una vecchia madre ricorda la bambina morta, molti anni prima, a 6 anni e non si dà pace: «Dopo la sua morte è stato tremendo. Non ho piú avuto un giorno di gioia [...]. Il mondo mi ha fatto sempre paura, la vecchiaia solo un fastidio in piú. Come si può essere felici in un mondo cosí brutto? Le cose sono indifferenti alla nostra sorte, la natura è indifferente, Dio è indifferente».

4. *Il mondo della memoria*.

Stranamente, in queste testimonianze non appaiono mai gli atteggiamenti consueti di fronte alla morte: la paura e la speranza. La paura è contrastata dal *taedium vitae*, che fa della morte una meta non da temere ma da desiderare. Alla speranza, che può soccorrere il sofferente anche in situazioni che paiono disperate, ed è la speranza o di guarire o di essere in cammino verso una nuova vita, si oppone il *cupio dissolvi*, ovvero il desiderio del disfacimento, del non essere piú. *Taedium vitae* e *cupio dissolvi*, alla loro volta, non hanno niente a che vedere col *contemptus mundi* dei mistici, per i quali la vita è altrettanto miserabile, ma la miseria è il frutto non di un Dio indifferente o malvagio, ma di una colpa, e il disprezzo del mondo è «il naturale trapasso per l'ascesa a Dio». Ora per chi ha a noia la vita e brama annullarsi, la morte è il sospirato riposo dopo l'immane e inutile fatica del vivere. È stato scritto: «La mia forza vitale è cosí sfatta che non riesce piú a vedere al di là del sepolcro, non riesce piú a temere e a desiderare nulla oltre la morte. Non posso pensare un Dio cosí impietoso da svegliare uno che sta dormendo stanco morto ai suoi piedi»[10].

Il vecchio soddisfatto di sé della tradizione retorica e il vecchio disperato sono due atteggiamenti estremi. Li ho messi in particolare rilievo per indurci a riflettere ancora una volta sulla varietà dei nostri umori verso la vita nel pluriverso dei valori contraddittori in cui ci muoviamo, e quindi sulla difficoltà di comprendere il mondo e, dentro questo mondo, noi stessi. Tra questi due estremi vi sono infiniti altri modi di vivere la vecchiaia: l'accettazione passiva, la rassegnazione, l'indifferenza, il ca-

[10] Vedi R. Schneider, *Winter in Wien*, citato da R. Egenter, *Sulla vecchiaia*, Queriniana, Brescia 1976, p. 314.

muffamento di chi si ostina a non vedere le proprie rughe e il proprio indebolimento e si impone la maschera dell'eterna giovinezza, la ribellione consapevole attraverso il continuo sforzo, spesso destinato al fallimento, di continuare inflessibilmente il lavoro di sempre, o, al contrario, il distacco dagli affanni quotidiani, e il raccoglimento nella riflessione o nella preghiera, il vivere questa vita come se fosse già l'altra, lacerati tutti i vincoli mondani. La vecchiaia non è scissa dal resto della vita precedente: è la continuazione della tua adolescenza, giovinezza, maturità. Scrive il poeta: «La giovinezza chiama la vecchiaia attraverso gli anni spossati: | «che hai trovato?», le grida, «che hai cercato?» | «Quello che tu hai trovato», risponde la vecchiaia, lacrimando: | «Quello che tu hai cercato»[11]. Rispecchia la tua visione della vita e cambia il tuo atteggiamento verso di essa, secondo che hai concepito la vita come una montagna impervia da scalare, o come una fiumana in cui sei immerso e corre lentamente alla foce, o come una selva in cui ti aggiri sempre incerto sulla via da seguire per uscire all'aperto. C'è il vecchio sereno e quello mesto, il soddisfatto giunto tranquillamente alla fine delle proprie giornate, l'inquieto che ricorda soprattutto le proprie cadute e attende trepidante l'ultima da cui non riuscirà piú a sollevarsi; chi assapora la propria vittoria e chi non riesce a cancellare dalla memoria le proprie sconfitte. Il vecchio, ormai fuori di senno, penoso non a sé ma agli altri, vittima di una crudele penitenza di cui lui e noi ignoriamo la causa. Cosima, la protagonista del libro della Petrignani, dice affettuosamente: «I rincoglioniti sono stupendi, sono come bambini folli. Ti vengono dietro a qualsiasi fantasia, finché non sai piú cos'è fantasia e cosa la loro realtà, la vita che hanno avuto e dimenticata o voluta dimenticare».

[11] Dylan Thomas, *Poesie inedite*, Einaudi, Torino 1980, p. 73.

Il mondo dei vecchi, di tutti i vecchi, è, in modo piú o meno intenso, il mondo della memoria. Si dice: alla fine tu sei quello che hai pensato, amato, compiuto. Aggiungerei: tu sei quello che ricordi. Sono una tua ricchezza, oltre gli affetti che hai alimentato, i pensieri che hai pensato, le azioni che hai compiuto, i ricordi che hai conservato e non hai lasciato cancellare, e di cui tu sei rimasto il solo custode. Che ti sia permesso di vivere sino a che i ricordi non ti abbandonino e tu possa a tua volta abbandonarti a loro. La dimensione in cui vive il vecchio è il passato. Il tempo del futuro è per lui troppo breve perché si dia pensiero di quello che avverrà. La vecchiaia, diceva quel malato, dura poco. Ma proprio perché dura poco impiega il tuo tempo non tanto per fare progetti per un futuro lontano che non ti appartiene piú, quanto per cercare di capire, se puoi, il senso o il non senso della tua vita. Concentrati. Non dissipare il poco tempo che ti rimane. Ripercorri il tuo cammino. Ti saranno di soccorso i ricordi. Ma i ricordi non affiorano se non vai a scovarli negli angoli piú remoti della memoria. Il rimembrare è un'attività mentale che spesso non eserciti perché è faticosa o imbarazzante. Ma è un'attività salutare. Nella rimembranza ritrovi te stesso, la tua identità, nonostante i molti anni trascorsi, le mille vicende vissute. Trovi gli anni perduti da tempo, i giochi di quando eri ragazzo, i volti, la voce, i gesti dei tuoi compagni di scuola, i luoghi, soprattutto quelli dell'infanzia, i piú lontani nel tempo ma piú nitidi nella memoria. Quella strada nei campi che percorrevamo da ragazzi per giungere a una cascina un po' fuori mano, la potrei descrivere passo dopo passo, pietra dopo pietra.

Nel ripercorrere i luoghi della memoria, ti si affollano attorno i morti, la cui schiera diventa ogni anno sempre piú numerosa. La maggior parte di coloro coi quali ti sei accompagnato ti hanno abbandonato. Ma tu non puoi cancellarli come se non fossero mai esistiti. Nel momento in cui li richiami alla mente li fai rivivere, almeno per un attimo e non sono morti del tutto, non sono scomparsi completamente nel nulla: l'amico morto adolescente in una disgrazia di montagna, il compagno di scuola e di giochi precipitato col suo aereo durante la guerra, di cui non si è mai piú trovato il corpo e la famiglia lo ha atteso per anni. Ti domandi perché. La morte di Leone Ginzburg in un carcere romano durante l'occupazione tedesca. Il suicidio di Pavese. E ti domandi ancora perché.

Ho accennato a molti modi di vivere la vecchiaia. Qualcuno potrebbe chiedermi: «Ma tu come la vivi?» In quest'ultima parte del mio discorso credo di averlo lasciato capire. Direi con una parola che ho la vecchiaia melanconica, intesa la malinconia come la consapevolezza del non raggiunto e del non piú raggiungibile. Vi corrisponde l'immagine della vita come una strada, ove la meta si sposta sempre in avanti, e quando credi di averla raggiunta, non era quella che ti eri raffigurata come definitiva. La vecchiaia diventa allora il momento in cui hai la piena consapevolezza che il cammino non solo non è compiuto, ma non hai piú il tempo di compierlo, e devi rinunciare a raggiungere l'ultima tappa.

La malinconia è temperata, tuttavia, dalla costanza degli affetti che il tempo non ha consumato.

Parte seconda

1. *Sono ancora qui.*

Sono passati due anni da quando ho scritto le pagine precedenti. Ora mi avvio agli 87. I due maestri della mia generazione, Benedetto Croce (1866-1952) e Luigi Einaudi (1874-1961), ammirati anche per la loro laboriosa vecchiaia, sono morti il primo a 86 anni, il secondo a 87.

Non avrei mai immaginato di vivere cosí a lungo. Non ricordo morti ultraottantenni, né nella mia famiglia paterna né in quella materna. L'unica di cui è rimasta memoria è una mia bisnonna paterna. Mio padre, a cui assomigliavo, la cui età mi ero sempre prefigurato di non oltrepassare, morí a 65 anni. Entrai nel sessantesimo anno quando ebbero inizio, anche in Italia, gli anni della «contestazione» in cui i figli si ribellarono ai padri. Mi sentii improvvisamente invecchiato. Scrissi: «Sarebbe stolto, oltre che vano, imbellettarsi per fare scomparire le rughe e fingere una gioventú che abbiamo lasciata alle nostre spalle»[1]. Sono passati altri vent'anni.

Sono stato un bambino gracile, un adolescente esonerato, con mia vergogna, dalle ore di ginnastica per una malattia infantile, restata almeno per me misteriosa. Mi è rimasta allora la sensazione della fatica di vivere, di una permanente e invincibile stanchezza che si è aggravata con l'età. La stanchezza come stato naturale è da molti anni tema abituale delle mie lamentazioni nelle

[1] N. Bobbio, *Una filosofia militante. Studi su Carlo Cattaneo*, Einaudi, Torino 1971, p. XI.

conversazioni e nelle lettere. Gli amici le considerano un vezzo, quasi una civetteria, e non mi prendono molto sul serio. Recentemente ho detto a un vecchio amico: «Vado giú, sempre piú giú». Mi ha risposto con aria lievemente beffarda: «Sono vent'anni che me lo dici». La verità è che – ma è difficile farlo capire a chi è piú giovane – la discesa verso il nessun luogo è lunga, piú lunga di quel che avrei mai immaginato, e lenta, tanto da apparire quasi impercettibile (ma non a me). La discesa è continua e, quel che è peggio, irreversibile: scendi un piccolo gradino per volta, ma posto il piede sul gradino piú basso, sai che sul gradino piú alto non tornerai. Quanti ce ne siano ancora non so. Di una cosa però non posso dubitare: sono sempre di meno.

Nonostante tutto, nonostante le mie apprensioni e i miei presagi, nonostante le mie ossessioni, e le non allegre previsioni, sono sempre qui dopo piú di due anni dal mio discorso sulla vecchiaia, seduto alla scrivania del mio grande studio, tappezzato alle quattro pareti di libri sempre piú inutili, illuminato da due grandi finestre di cui una guarda alla collina, l'altra, attraverso un corso lunghissimo, alle montagne lontane. Apparentemente non è cambiato nulla. In realtà sono cambiate tante cose in pochissimi anni, sia nel mondo, la caduta del muro di Berlino e la fine della guerra fredda e dell'impero sovietico, sia in Italia, con le elezioni del 5 aprile 1992, l'inizio della fase di transizione dalla prima alla seconda repubblica, sia in me, a cominciare dal 1988 alle soglie degli ottant'anni i primi malanni della vecchiaia vera, non di quella soltanto immaginata o temuta. La sensazione che provo nell'essere ancora vivo è soprattutto di stupore, quasi di incredulità. Non so spiegare per quale buona sorte, protetto, sorretto, tenuto per mano da chi, sia riuscito a superare tutti gli ostacoli e i pericoli anche mortali, malattie, incidenti, calamità naturali, le infinite disgrazie, da cui la vita umana è sin dal momento della nascita insidiata. Mi torna spesso alla mente questo brano di Achille Campanile, l'umorista piú amato dalla mia generazione, letto molti anni fa: «Questi vecchi mi hanno sempre meravigliato. Ma come mai sono riusciti a passare in mezzo a tanti pericoli arrivando sani e salvi alla piú tarda età? Come hanno fatto a non finire sotto un'automobile, come hanno potuto superare le malattie mortali, come hanno potuto evitare una tegola, un'aggressione, uno scontro in ferrovia, un naufragio, un fulmine, una caduta, un colpo di rivoltella? ... Veramente questi vecchi debbono essere protetti dal demonio! Alcuni ancora osano traversare la strada lentamente, ma sono matti?»[2].

Sono matto. Sempre piú traballante, le gambe sempre piú deboli, appoggiandomi al bastone e sottobraccio a mia moglie, traverso ancora la strada. Non la attraversano piú la maggior parte dei miei amici con i quali ho diviso per anni interessi di studio, passioni e ideali, che pur sembravano molto piú temprati di me. Penso a Luigi Firpo, a Massimo Mila, a Giorgio Agosti, a Franco Venturi. La fortuna ha gli occhi bendati, ma la sfortuna, mi dice uno dei miei figli, medico, ci vede benissimo: quando si accanisce con un infermo, non gli dà tregua sino a che non lo ha stremato. Sinora sono stato sotto la protezione della non veggente, i cui protetti, proprio perché sono scelti alla cieca, non possono trarne alcun vanto. Non sono però in grado di rispondere alla domanda: «Sino a quando?» Non so neppure se la mia fine sarà dovuta al caso, imprevedibile e imponderabile, oppure al destino, e quindi a un evento previsto e ponderato sin dall'inizio dei miei giorni, da un potere a me sconosciuto. Non so né voglio sapere. Il caso spiega troppo poco, la necessità spiega troppo. Solo la credenza nella volontà libera, posto

[2] A. Campanile, *Opere*, a cura di O. Del Buono, Bompiani, Milano 1989, vol. II, pp. 1470-71.

che la libertà del volere non sia anch'essa un'illusione, ci aiuta a credere di essere padroni della nostra vita. Ma, per quanto nessuno in genere voglia morire (vi sono eccezioni, ma non sono molte, e in genere suscitano scandalo), la morte arriva ugualmente per tutti. Se per caso o per necessità non ha per chi muore molta importanza. Che un evento avvenga per «caso fortuito», come dicono i giuristi, e quindi poteva anche non avvenire, o per «forza maggiore», e quindi non poteva non avvenire, la conseguenza è una sola, ed è quella di esonerarci dalla responsabilità di quello che è accaduto. Nel caso di un evento maligno come la morte, l'attribuirlo a un accadimento che non era prevedibile o ad uno che era previsto sin dall'eternità ha forse soltanto una funzione consolatoria: «Non potevi farci nulla».

Del proprio destino, che è per essenza ignoto, ed è quindi avvolto nel mistero – uno dei tanti temi di cui i filosofi hanno discusso senza fine –, si può parlare a ragion veduta soltanto quando è compiuto. Ma quando è compiuto, nel momento stesso in cui è compiuto, il mistero non c'è piú. Il compimento del destino misterioso non è, al contrario, nulla di misterioso. È un evento non diverso da tanti altri che accadono ogni giorno sotto gli occhi di tutti. Fra il destino ignoto sino a che non è compiuto e l'evento che lo compie non c'è alcun rapporto necessario. Ciò non toglie che un osservatore esterno, per il nostro bisogno vitale di trovare una spiegazione razionale dell'accaduto, e la spiegazione causale è quella che ci appaga e ci acquieta maggiormente, possa sostenere che quello che è avvenuto doveva avvenire.

Della mia morte possono parlare solo gli altri. Io posso raccontare la mia vita attraverso i miei ricordi e i ricordi di coloro che mi sono stati vicini, mediante documenti, lettere e diari. Posso raccontarla sino agli ultimi minuti. Non posso raccontare la mia morte. Solo gli altri lo possono fare. Accorriamo a rendere una visita di condoglianze ai parenti di un amico. Costoro vanno a gara a farci una cronaca particolareggiata del momento del trapasso, a ripeterci le ultime parole che forse lo stesso morente non ha sentito, a descriverci l'ultimo gesto di cui forse non ha avuto coscienza. Solo io non posso raccontare la mia morte. La mia morte è imprevedibile per tutti, ma per me è anche indicibile.

2. *Dopo la morte.*

Ancora piú indicibile quello che viene dopo. Ma che cosa viene dopo? Siamo proprio sicuri che avvenga qualche cosa da raccontare, che un giorno o l'altro qualcuno racconterà?

Gli uomini sono molto diversi tra loro. Si suole distinguerli in base a mille criteri, razza, nazione, lingua, costume, intelligenza, bellezza, salute, ricchezza: impossibile e inutile enumerarli tutti. Mi ha sempre stupito che si dia cosí poca importanza a un criterio che dovrebbe segnare piú profondamente la loro irriducibile differenza: la credenza o meno in un al di là della morte. Che gli uomini siano mortali è un fatto. Che la morte reale, che ci accade di constatare ogni giorno attorno a noi e su cui non cessiamo di riflettere dentro di noi, non sia la fine della vita, ma il passaggio ad un'altra forma di vita diversamente immaginata e definita secondo i diversi individui, le diverse religioni, le diverse filosofie, non è un fatto, è una credenza. Vi sono coloro che ci credono e coloro che non ci credono. Vi sono anche coloro che non ci pensano e coloro, e sono forse la maggior parte, che dicono: «Chissà!» Sin da ragazzo, da quando ho cominciato a riflettere sui problemi ultimi, mi sono sempre sentito piú vicino ai non credenti. Con quali argomenti? Possiamo discuterne all'infinito, ma ciò che non sono riuscito ad accettare per mio difetto, riconosco, è il troncare la discussione bruscamente, ricorrendo all'argomento pascaliano della scommessa. Per il non credente, l'argomento principale è la coscienza della propria pochezza di fronte all'immensità del cosmo, un atto di umiltà di fronte al mistero degli universi mondi di cui solo ora, si potrebbe dire da ieri, abbiamo cominciato a percepire la smisurata, forse incommensurabile, grandezza.

La risposta del non credente esclude ogni altra domanda. Per il credente, invece, le domande piú angosciose cominciano dal momento in cui egli ammette l'esistenza di un'altra vita dopo la vita. Un'altra vita: quale? Siccome non ne sappiamo in base alla nostra esperienza assolutamente nulla, ogni religione, ogni veggente o visionario, ogni sapiente che crede o finge di sapere, ogni uomo, anche il piú semplice che ha orrore della propria morte o non si rassegna di fronte alla morte della persona amata, dà la propria risposta. Tutte le risposte sono ugualmente credibili. Il mondo, di cui conosco solo qualche piccolissimo frammento attraverso la mia esperienza e l'esperienza accumulata e tramandata nei secoli da migliaia e migliaia di uomini vissuti prima di me, è uno solo. I sopramondi, soltanto immaginati, sono infiniti. Il sopramondo di Platone non è quello di Epicuro. Il sopramondo degli Ebrei non è quello dei Cristiani.

Quando dico che non credo alla seconda vita o a quante altre se ne possano immaginare dopo questa (secondo la credenza nella reincarnazione), non intendo affermare nulla di perentorio. Voglio dire soltanto che mi sono sempre parse piú convincenti le ragioni del dubbio che non quelle della certezza. Nessuno può essere certo di un evento di cui non vi sono prove. Anche coloro che credono, credono di credere, per riprendere il titolo di un recente libro di Gianni Vattimo. Io credo di non credere.

Chi ha raggiunto l'età che ho io, mi pare che dovrebbe avere un solo desiderio e una sola speranza: riposare in pace. Mi torna spesso alla mente la breve preghiera imparata da bambino, ripetuta non so quante volte, recitando il Rosario: «Requiem aeternam dona eis, Domine». Sono le parole che appaiono sul frontone dei cimiteri cristiani. Non ignoro che la preghiera continua: «Et lux perpetua luceat eis». Ma il riposo perfetto, tanto piú se eterno, richiede non soltanto il silenzio ma anche l'oscurità. L'immagine del riposo e quella della luce sono tra loro contrastanti. Abitualmente associate, invece, sono quelle del sonno e della notte.

La vita non può essere pensata senza la morte. Gli uomini sono non a caso chiamati i «mortali»: anche i piú cinici, i piú spregiudicati e spensierati, i piú sprezzanti e indifferenti, prendono sul serio almeno in qualche momento della loro vita la morte, se non quella degli altri, la propria. L'unico modo di prenderla sul serio è di considerarla quale ti appare, quando vedi la immobilità di un corpo umano diventato cadavere: l'opposto della vita che è movimento. La morte presa sul serio è la fine della vita, la fine ultima, una fine oltre la quale non c'è un nuovo principio. Rispetta la vita chi rispetta la morte. Prende sul serio la morte chi prende sul serio la vita, quella vita, la mia vita, l'unica vita che mi è stata concessa, anche se non so da chi, e ignoro perché. Prendere sul serio la vita vuol dire accettare fermamente, rigorosamente, il piú serenamente possibile, la sua finitezza. Vuol dire sapere con certezza, con certezza assoluta, che devi morire, che questa vita è interamente dentro il tempo, entro il quale tutte le cose che esistono sono destinate a morire, in nessuna delle sue parti fuori dal tempo. Ha scritto Canetti: «Quante persone scoprirebbero che vale la pena di vivere una volta che non dovremmo piú morire?»[3]. Il piú forte argomento per affermare che la morte è la fine ultima, che la morte è proprio la morte, è

[3] E. Canetti, *La coscienza delle parole*, Adelphi, Milano 1984, p. 98.

che si muore una volta sola. La fine della vita è insieme la prima fine e l'ultima fine. Anche chi ammette una seconda vita dopo la morte non ammette una seconda morte, perché la seconda vita, se c'è, è eterna, è una vita senza morte.

La mia morte è la fine di me singolo, ed essa sola è una fine assoluta. Molte cose nel mondo della natura e della storia finiscono per ricominciare. Dopo il giorno viene la notte e poi ancora il giorno. Gli antichi avevano una visione ciclica della storia e la fase che chiudeva un ciclo era destinata a ricomparire nel ciclo successivo. L'alternanza dei cicli era infinita, cosí come l'eterno ritorno di Nietzsche. Con la morte come fine ultima, la vita si estingue. «Estinzione» chiamiamo la fine senza ricominciamento. La specie dei dinosauri si è estinta. La civiltà sumerica si è estinta. La dinastia dei Seleucidi si è estinta. Per Marx lo stato era destinato a estinguersi. Ciò che è estinto, è finito per sempre. «Comme toutes les choses humaines ont une fin, – scrive Montesquieu, – l'État dont nous parlons, perdra sa liberté, il périra. Rome, Lacédémone et Chartage ont bien péri».

Di questo sopramondo sappiamo cosí poco che ognuno se lo raffigura secondo le sue speranze e le sue paure, secondo i sogni che lo hanno illuso e gli incubi da cui è stato assillato, secondo gli insegnamenti o gli indottrinamenti ricevuti. Può essere rimedio alle proprie sofferenze o ricompensa alle proprie infelicità. Il mondo di là dovrebbe essere un mondo completamente diverso dal mondo di qua. L'unica cosa di cui non possiamo dubitare è che, se c'è, è diverso. Ma diverso, come? I libri di fantascienza si sbizzarriscono a descrivere altri mondi, ma sono mondi costruiti a immagine e somiglianza di questo, sia pure con bizzarre, stravaganti, cervellotiche, ma non mai del tutte inverosimili, caratteristiche. Sono sempre mondi, non sopramondi.

Rispetto al sopramondo in cui una parte di noi, quella

destinata a non morire, andrebbe a vivere dopo la morte, dopo che abbiamo lasciato marcire sottoterra il nostro corpo o interamente distruggere facendolo incenerire, ogni raffigurazione è possibile. Non ci sono limiti alla nostra immaginazione. Sarei curioso di sapere come coloro che credono alla vita dopo la morte se la rappresentano. Curiosità legittima: come si potrebbe altrimenti credere in qualche cosa di cui non si ha né un'idea né un'immagine? Le risposte possibili sono molte. Una delle risposte piú comuni, oltre quella che ci viene incontro dalla nostra tradizione religiosa, secondo cui l'altro mondo sarebbe il luogo dove si compie la giustizia divina che premia i buoni e castiga i cattivi, è quella che ci proviene dalla tradizione popolare, secondo cui il mondo dell'al di là è il luogo dove i morti incontrano altri morti, quelli che sono stati loro in vita piú cari: la madre inconsolabile ritrova la figlia morta giovinetta, la figlia ritrova il padre morto in guerra quand'era bambina, di cui ha avuto in vita soltanto un vago ricordo, il vecchio marito morto solo in un ospizio riabbraccia la moglie e rivive gli anni piú felici della sua vita[4]. Ma proprio queste semplici e umanissime risposte tradiscono la illusorietà della credenza. Sono tutte risposte che tradiscono uno spasmodico attaccamento alla vita, il desiderio di sopravvivenza, rispetto al quale la sopravvivenza nel ricordo di coloro che ci hanno conosciuti, stimati, amati, è una troppo tenue, effimera, consolazione.

Ma quanto dura il ricordo? Rispetto al desiderio o speranza di immortalità, quanto è breve il ricordo nel tempo! Solo pochi uomini, grandi nel bene come nel male, lasciano ricordi indelebili e vengono infatti chiamati

[4] In un dialogo fra due vecchi, che si scrivono dandosi notizie della propria vita e dei loro pensieri, lei dice a lui: «Se si potesse pensare come Madame Chevreuse, che morendo credeva che avrebbe parlato con tutti i suoi amici nell'altro mondo, sarebbe un bel pensiero» (Ninon de Lenclos, *Lettere sulla vecchiaia. Corrispondenza con Saint-Evremond*, a cura di D. Galateria, Sellerio, Palermo 1994, p. 90).

enfaticamente gli «immortali». Ma gli altri, gli infiniti altri di cui si è perduto per sempre il ricordo?

Prima di mio fratello, il primogenito, era nata dai miei genitori una bambina, vissuta tre giorni. Papà e mamma ne parlavano spesso quando eravamo piccoli. Ma poi a poco a poco loro stessi ne hanno parlato sempre meno. Di quella breve vita è rimasta soltanto una lieve traccia nella mia memoria e in una minuscola lapide nel cimitero di famiglia. Quando anch'io sarò morto, nessuno piú si ricorderà di lei. Il giorno in cui uno dei miei figli, uno dei miei nipotini, visiteranno quella tomba e leggeranno il nome su quella piccola lapide, si domanderanno: «Chi era?» Non ci sarà nessuno a dar loro una risposta. Venuta dal nulla era ritornata nel nulla dopo poche ore di vita. Si può dare un senso, e quale?, a quel soffio di vita di cui nell'intero universo io solo ho ancora un ricordo sempre piú evanescente?

Con la morte si entra nel mondo del non essere, nello stesso mondo in cui ero prima di nascere. Quel nulla che ero non sapeva nulla della mia nascita, del mio venire al mondo e di quello che sarei diventato; il nulla che sarò non saprà nulla di quello che sono stato, della vita e della morte di coloro che mi sono stati vicini, della cui presenza erano nutrite le mie giornate, degli eventi di cui mi sono interessato ogni giorno leggendo i giornali, ascoltando la radio o parlando con gli amici. Se premorrò a mia moglie, con la quale ho diviso la mia vita per piú di mezzo secolo, non saprò nulla della sua morte. Morrà non solo senza di me, ma senza che io lo sappia. Cosí non saprò nulla di quel che accadrà ai miei figli, ai figli dei figli, la cui vita si svolgerà oltre il duemila, nulla di quello che avverrà su questa terra, intorno alle cui vicende ho fantasticato mille volte cercando vanamente di trarne piú o meno incerti presagi, nulla delle guerre e delle paci, delle trasformazioni della società in cui sono vissuto, e alle cui vicende ho assistito e intensamente partecipato.

Tutto quello che ha avuto un principio ha una fine. Perché non dovrebbe averla anche la mia vita? Perché la fine della mia vita dovrebbe avere, a differenza di tutti gli accadimenti, tanto di quelli naturali quanto di quelli storici, un nuovo principio? Solo ciò che non ha avuto un principio non ha una fine. Ma ciò che non ha un principio né una fine è l'eterno.

3. *A rilento.*

Uno degli *Adagia* di Erasmo sulla guerra, *Bellum dulce inexpertis*, viene tradotto nel detto popolare: «Chi loda la guerra non l'ha vista in faccia». Quando leggo gli elogi della vecchiaia di cui è stracolma la letteratura di tutti i tempi, mi viene la tentazione di trarre dal proverbio erasmiano questa variazione: «Chi loda la vecchiaia non l'ha vista in faccia». Nel mascheramento dei malanni dell'età senile dà un buon contributo, se pure involontariamente e con le migliori intenzioni, la «gaia scienza» della geriatria, di cui non metto in discussione, oltre l'efficacia dei mezzi che offre per migliorare le condizioni dell'anziano, di cui io stesso ho tratto immensi benefici, la nobiltà del fine, che non è soltanto quello di alleviare le sofferenze fisiche, ma anche lateralmente quello di esortare colui che sta per entrare nell'ultima fase della vita a non lasciarsi sopraffare dal timore, talora dalla ossessione, della decadenza, e a sentirsi un vincitore, rispetto ai morti giovani che sono loro, non lui, i vinti.

La vecchiaia è l'ultima fase della vita, raffigurata per lo piú come quella della decadenza, della degenerazione, della parabola discendente di un individuo, ma anche, metaforicamente, di una civiltà, di un popolo, di una razza, di una città. In una visione ciclica è il momento in cui il ciclo finisce. L'inverno è raffigurato, infatti, come un vecchio cadente che cammina faticosamente sotto la neve. Un popolo vecchio è un popolo destinato a essere assoggettato da un popolo giovane, barbaro, senza storia. Nella diade giovane-vecchio, «giovane» denota il lato positivo dell'intero, «vecchio» quello negativo. Il novello Adamo viene contrapposto al vecchio uomo che dovrà essere rigenerato. L'ordine nuovo da instaurare si contrappone all'ordine vecchio da lasciar seppellire sotto le sue macerie. Il Vecchio e il Nuovo Testamento. Il «nuovo mondo» di contro alla vecchia Europa. La Giovane Europa dei popoli contro la Vecchia Europa dei principi. La nuova classe borghese sostituirà la vecchia classe aristocratica, come la nuova classe del proletariato rovescerà a sua volta la vecchia classe borghese. Il passaggio dal vecchio al nuovo è segno di progresso; dal nuovo al vecchio, di regresso. Una nuova costituzione – argomento di attualità – correggerà i difetti della vecchia?

Non dico che non ci siano nel linguaggio corrente modi di dire in cui il significato dei due termini, rispetto al valore, sia invertito, e «vecchio» diventa termine di rispetto, ma sono piú rari: «i nostri vecchi ci avevano insegnato», il «Grande Vecchio», la «Vecchia Guardia», i «Veterani delle patrie battaglie»[5]. Hegel spiegava cosí la differenza tra il significato positivo e quello negativo della vecchiaia: «La vecchiaia naturale è debolezza; la vecchiaia dello spirito, invece, è la sua maturità perfetta, nella quale esso ritorna all'unità come spirito».

Nella mia esperienza, che non pretendo di generalizzare, ciò che distingue la vecchiaia dall'età giovanile, e anche da quella matura, è il rallentamento dei moti del corpo e della mente. La vita del vecchio si svolge al rallentatore. Sempre piú lenti i movimenti delle mani e delle di-

[5] Cfr. M. Cesa Bianchi, *Psicologia dell'invecchiamento. Caratteristiche e problemi*, La Nuova Italia Scientifica, Roma 1987. Proprio all'inizio, dopo aver sottolineato che il termine «invecchiamento» ha sempre un significato negativo, osserva che non mancano eccezioni. Fa l'esempio di certi vini e della stagionatura di un formaggio.

ta, il che rende difficile maneggiare strumenti, come il computer, in cui l'agilità delle dita è indispensabile per utilizzarne tutte le potenzialità. Sempre piú lento il passo: nelle mie brevi passeggiate mi accorgo (ma sino a poco tempo fa non me ne accorgevo), quanti sono i vecchi che come me si trascinano per la via spesso accompagnati da una persona piú giovane, a piccoli passi circospetti, come se si trovassero su una strada impervia, irta di ostacoli, e non su una piana e ben lastricata via cittadina.

C'è una lentezza imposta dalle circostanze: ieratica, del sacerdote in processione; maiestatica, del grande di stato in una pubblica cerimonia; funeraria, dei portatori di una bara e di coloro che la seguono. Ogni solennità richiede tempi prolungati: il gesto misurato, il passo cadenzato, un incedere grave, un discorrere non irruente e non concitato, interrotto da pause calcolate, ogni parola soppesata, di cui l'una non corra dietro l'altra precipitosamente. La lentezza del vecchio, invece, è penosa per sé e alla vista degli altri. Suscita piú compatimento che compassione. Il vecchio è destinato naturalmente a restare indietro, mentre gli altri avanzano. Si ferma. Si siede su una panchina. Ha bisogno ogni tanto di un po' di riposo. Quelli che erano indietro lo raggiungono, lo sorpassano. Vorrebbe affrettare il passo ma non può. Quando parla cercando le parole lo si ascolta magari con rispetto ma con qualche segno di impazienza.

Anche le idee escono piú lente dalla testa. Quelle che ne escono sono sempre le stesse. Che noia! Non già che il vecchio sia particolarmente affezionato alle sue idee. Non ne ha altre. E poi tutto non è già stato detto? C'è ancora qualcosa di nuovo da dire? Si ripete senza accorgersene, perché anche il meccanismo della memoria si è inceppato. Non ricorda di aver detto o scritto la stessa cosa quasi con le stesse parole, l'anno prima, il mese prima, e quando il movimento della decadenza si accelera, addirittura il giorno prima. Si gira su se stesso e crede di continuare come un tempo a girovagare con inesausta curiosità nel vasto mondo intorno a lui. Le idee escono con stento e le parole pure. Spesso, quando scrive, o peggio quando parla, ha l'impressione che il suo linguaggio si sia impoverito, che il serbatoio da cui un tempo traeva le parole si sia in parte svuotato o sia diventato per una ignota ragione inaccessibile. Il pozzo della memoria a un'età come la mia è ormai tanto profondo che non riesco piú a giungere sino in fondo, anche perché la luce per illuminarlo è diventata sempre piú fioca. Per ricostruire anche solo un frammento della vita passata, di una vicenda che amerei raccontare, di una conversazione che un tempo mi appassionò, di una lettura che mi istruí mi occorre un paziente lavoro di ricostruzione di piccoli tratti di memoria che appaiono e scompaiono, come guizzi nel buio. È un'operazione lentissima, di cui alla fine non si esce soddisfatti, perché qualche tessera del mosaico non si trova piú. Non si riesce a ricordare piú quel nome che un tempo era familiare. Non si riesce a ripetere neppure approssimativamente quel discorso. Chi era presente quel giorno? Che giorno era?

Lo spazio delle mie esplorazioni nei diversi campi del sapere si va restringendo senza che ne sia del tutto consapevole, come se il ripostiglio dove sono andato accumulando le conoscenze acquistate nelle piú disparate letture, negli studi durati anni su un certo argomento, per cui ho visitato biblioteche in diversi paesi, compulsato centinaia di libri e documenti, sia ormai stipato e non entri piú nulla. Quando leggo un libro nuovo mi accade di soffermarmi molto piú su quello che so già che non su quello che sino allora non avevo saputo. Mi affascina piú la notizia ripetuta, l'idea risaputa, felice conferma di quello che avevo appreso anni addietro. L'idea nuova appare quasi un'intrusa che cerca di entrare in un luogo già affollatissimo dove non c'è piú posto.

Le letture diventano sempre piú selettive, piú che leggere, si rilegge. Il meccanismo della selezione opera, secondo la mia esperienza, in questo modo: il sistema di concetti, costruito a poco a poco, che ti ha permesso di ordinare il materiale di fatti e di idee che le tue letture ti hanno offerto in anni di studio, invecchiando, tende a chiudersi come se fosse giunto alla sua perfezione. Diventa quindi sempre piú difficile farvi entrare fatti e idee nuove che non trovano caselle già formate, pronte ad accoglierle. Il troppo viene semplificato per farlo stare. Il superfluo viene respinto perché non ci sta piú. Talora per far entrare l'uno e l'altro li forzi e li deformi. Ti senti dire che non hai capito e sei superato.

La situazione è aggravata dalla rapidità del mutamento dovuto al progresso scientifico e tecnologico: il nuovo diventa subito vecchio. Il tenersi aggiornati in qualsiasi campo richiederebbe un'agilità mentale superiore a quella di un tempo, e invece la tua va a poco a poco diminuendo.

Mentre il ritmo della vita del vecchio è sempre piú lento, il tempo che egli ha davanti a sé si accorcia di giorno in giorno. Chi è entrato nella tarda età vive, ora piú ora meno ansiosamente, il contrasto tra la lentezza con cui è obbligato a procedere nel compimento del proprio lavoro, che richiederebbe tempi piú lunghi a disposizione per eseguirlo, e l'inevitabile avvicinarsi della fine. Il giovane va piú svelto e ha piú tempo davanti a sé. Il vecchio, non solo cammina piú lentamente, ma il tempo, che gli è ancora riservato per giungere alla fine del lavoro che sta intraprendendo, è sempre piú breve.

Il tempo stringe. Dovrei accelerare il movimento per arrivare in tempo e invece mi accorgo giorno dopo giorno che sono costretto a muovermi sempre piú lentamente. Impiego piú tempo e ne ho meno. Mi chiedo, preoccupato: «Ce la farò?». Mi sento incalzato dalla necessità di finire, perché so che il poco tempo che rimane da vivere non mi permette di fermarsi di tanto in tanto a riposare. Eppure sono obbligato a segnare il passo, impacciato nei movimenti, smemorato, quindi costretto a sostare per segnare tutte le annotazioni di cui ho bisogno su foglietti che al momento buono non troverò. Sono stati inventati strumenti meravigliosi per aiutare la memoria, abbreviare i tempi della scrittura ma non li so adoperare o li adopero troppo maldestramente per trarne tutti i possibili benefici. Mio padre andava in bicicletta quando era stata inventata l'automobile. Io sono tornato a scrivere con la penna stilografica (in modo illeggibile tanto da far disperare i miei lettori). Eppure sul tavolino al mio fianco fa bella mostra di sé un computer. Mi mette soggezione. Non sono ancora riuscito ad avere con esso la necessaria confidenza per usarlo con la disinvoltura con cui un tempo usavo la macchina da scrivere. Come il ragazzino che impara a suonare il piano, avrei bisogno anch'io di una maestra severa che mi imponesse: «E ora facciamo una mezz'ora di esercizi».

Dicono che la saggezza per un vecchio consiste nell'accettare rassegnatamente i propri limiti. Ma per accettarli, bisogna conoscerli. Per conoscerli, bisogna cercare di darsene una ragione. Non sono diventato saggio. I limiti li conosco bene, ma non li accetto. Li ammetto, unicamente perché non posso farne a meno.

4. *Il tempo perduto*.

Sono figlio del secolo. Nato pochi anni prima della prima guerra mondiale, ne ho ancora alcuni ricordi nitidissimi: la mattina che con la mamma e mio fratello accompagnammo alla stazione mio padre, richiamato come capitano medico, fieri della divisa di ufficiale che vestiva per la prima volta in vita sua; la festa per la presa di Gorizia il 10 agosto 1915; l'affluire dei profughi veneti nelle campagne del Piemonte in seguito alla disfatta di Caporetto; ai primi di novembre 1918 l'annunzio della vittoria che ci giunse, non inaspettata ma improvvisa, attraverso una telefonata di un mio zio militare.

Nel momento in cui scrivo non passa giorno che i giornali diano notizia dell'imminente celebrazione del Giubileo che si svolgerà alla fine del secolo, all'inizio del terzo millennio. È trascorso il secolo «breve», come è stato chiamato, ma segnato da eventi terribili: due guerre mondiali, la rivoluzione russa, comunismo, fascismo, nazismo, la comparsa per la prima volta nella storia dei regimi totalitari, Auschwitz e Hiroshima, decenni di equilibrio del terrore, e poi, dopo il crollo dell'impero sovietico e la fine della guerra fredda, una ininterrotta esplosione nelle piú diverse parti del mondo di guerre nazionali, etniche, tribali, limitate territorialmente ma non meno atroci. Per finire, il fenomeno in parte nuovo del terrorismo internazionale, inafferrabile, indecifrabile, almeno per ora irresistibile.

Sono giunto alla fine non solo inorridito, ma senza essere in grado di dare una risposta sensata a tutte le domande che le vicende di cui sono stato testimone mi hanno continuamente proposto. L'unica cosa che credo di avere capito, ma non ci voleva molto, è che la storia, per tante ragioni che gli storici conoscono benissimo ma di cui non sempre tengono conto, è imprevedibile. Non c'è nulla di piú istruttivo che confrontare le previsioni grandi e piccole che si leggono nelle opere di storici famosi, quando si allontanano dal semplice racconto dei nudi fatti, con quello che è realmente accaduto. Una delle poche profezie addotte innumerevoli volte ad esempio è quella di Tocqueville sulle sorti del mondo affidate in futuro a Stati Uniti e Russia. Ma vale ancora? Chi mai aveva previsto la fine in pochi decenni dell'impero comunista che si era in pochi decenni esteso dal centro dell'Europa agli estremi confini dell'Asia? Per restringermi alla storia del nostro paese, delle cui vicende sono stato per anni un commentatore, chi aveva previsto, e certamente non l'avevo prevista io, cosí imminente, cosí rapida, cosí definitiva, la fine della Prima Repubblica? Parlo, s'intende, per me, ma credo di essere in buona compagnia. Da un lato, non ero mai riuscito a capacitarmi che la guerra fredda potesse finire senza spargimento di sangue, e sono sempre stato assillato dall'incubo del terrore atomico. Una previsione sbagliata. Non ho mai neppure lontanamente pensato che la Prima Repubblica che, a mio giudizio, si stava assestando finalmente su un bipartitismo che pareva ormai quasi perfetto con la crescita progressiva del Partito comunista e una sua maggiore autonomia dall'Unione Sovietica, sarebbe miseramente e vergognosamente crollata. Un'altra previsione sbagliata.

Tutti coloro che fanno professione di storici, e a maggior ragione i politici che della storia di un paese sono anche attori, farebbero bene di tanto in tanto a mettere a confronto le loro previsioni, da cui fra l'altro traggono ispirazione per la loro condotta, coi fatti realmente accaduti, e misurare quanto grande e quanto frequente sia la corrispondenza tra le une e gli altri. A mio ammaestramento e, considerati i risultati del raffronto, a mia mortificazione, compio spesso questo controllo su me stesso. È inutile dire che l'esito è quasi sempre disatroso. Non escludo che ciò dipenda anche da una mia naturale inclinazione ad attendermi sempre il peggio. E anche quando qualche volta eccezionalmente accade, se pur perdurando sino alla fine la mia incredulità, che le cose vadano nel giusto verso, giusto per me, s'intende, non mi arrendo facilmente e dico: «Ma quanto c'è voluto!»

Per capire tutto quello che avrei voluto capire, e mi sono sforzato di capire, ormai è troppo tardi. Ho dedicato gran parte della mia lunga vita a leggere e a studiare un'infinità di libri e di carte, utilizzando anche i piú piccoli spazi di una giornata, sin da giovane per «non perdere tempo» (una vera e propria mania, come mi è stato spesso scherzosamente rimproverato dai miei amici che mi conoscono bene). Ora sono giunto alla tranquilla coscienza, tranquilla ma infelice, di essere arrivato soltanto ai piedi dell'albero della conoscenza. Non ho tratto le soddisfazioni piú durature della mia vita dai frutti del mio lavoro, nonostante gli onori, i premi, i pubblici riconoscimenti ricevuti, graditi ma non ambiti e non richiesti. Le ho tratte dalla mia vita di relazione, dai maestri che mi hanno educato, dalle persone che ho amato e mi hanno amato, da tutti coloro che mi sono sempre stati vicini e ora mi accompagnano nell'ultimo tratto di strada.

Il tempo del vecchio, lo ripeto ancora una volta, è il passato. E il passato rivive nella memoria. Il grande patrimonio del vecchio è nel mondo meraviglioso della memoria, fonte inesauribile di riflessioni su noi stessi, sull'universo in cui siamo vissuti, sulle persone e gli eventi che lungo la via hanno attratto la nostra attenzione. Meraviglioso, questo mondo, per la quantità e la varietà insospettabile e incalcolabile delle cose che ci sono dentro: immagini di volti scomparsi da tempo, di luoghi visitati in anni lontani e non mai piú riveduti, personaggi di romanzi letti quando eravamo adolescenti, frammenti di poesie imparate a memoria a scuola e mai piú dimenticati; e quante scene di film e di palcoscenico e quanti volti di attori e attrici dimenticati da chi sa quanto tempo ma sempre pronti a ricomparire nel momento in cui ti viene il desiderio di rivederli e quando li rivedi provi la stessa emozione della prima volta; e quanti motivi di canzonette, arie di opere, brani di sonate e di concerti, che ricanti dentro di te, accompagnando quelle note bisbigliate e quel ritmo segnato da moti impercettibili del corpo, con l'immagine di quel tenore o di quel soprano, di quel violinista o di quel pianista, di quel direttore d'orchestra, i cui gesti ora solenni, ora concitati, ora imperiosi, hai ancora pochi giorni fa rimemorato, parlando con un amico del tuo primo concerto ascoltato tanti anni fa in un grande teatro cittadino (era Victor De Sabata nella sinfonia del «Nuovo Mondo»). Questo immenso tesoro sommerso giace in attesa di essere fatto risalire a tratti alla superfice durante una conversazione o una lettura, o quando tu stesso lo frughi in un'ora d'insonnia, e talora appare all'improvviso per un'associazione involontaria, per un moto spontaneo e segreto della mente.

Mentre il mondo del futuro è aperto all'immaginazione, e non ti appartiene piú, il mondo del passato è quello in cui attraverso la rimembranza ti rifugi in te stesso, ritorni in te stesso, ricostruisci la tua identità, che si è venuta formando e rivelando nella ininterrotta serie dei tuoi atti di vita, concatenati gli uni con gli altri, ti giudichi, ti assolvi, ti condanni, puoi anche tentare, quando il corso della vita sta per essere consumato, di fare il bilancio finale. Bisogna affrettarsi. Il vecchio vive di ricordi e per i ricordi, ma la sua memoria si affievolisce di giorno in giorno. Il tempo della memoria procede all'inverso di quello reale: tanto piú vivi i ricordi che affiorano nella reminiscenza quanto piú lontani nel tempo gli eventi. Ma sai anche che ciò che è rimasto, o sei riuscito a scavare in quel pozzo senza fondo, non è che un'infinitesima parte della storia della tua vita. Non arrestarti. Non tralasciare di continuare a scavare. Ogni volto, ogni gesto, ogni parola, ogni piú lontano canto, ritrovati, che sembravano perduti per sempre, ti aiutano a sopravvivere.

Scritti autobiografici

1.

Elogio del Piemonte

Comincio dal nome: *nomen omen*, come si diceva una volta. Ovvero, parodiando un celebre titolo, «Dell'importanza di chiamarsi Norberto». Ho ereditato questo strano nome di un vescovo tedesco vissuto fra l'undecimo ed il dodicesimo secolo da mio nonno materno, nato nel 1847 in un piccolo paese sulla riva destra della Bormida fra Acqui ed Alessandria. Le cronache familiari narrano che a mio nonno, ultimo rampollo di una famiglia numerosa, i genitori non avendo piú a disposizione i soliti sette o otto nomi di famiglia, avessero deciso di dare il nome di un poeta piemontese allora in grande voga: Norberto Rosa. Come abbia potuto questo non eccelso poeta della val di Susa essere tanto celebre nella val Bormida, per me è sempre stato un mistero, soprattutto dopoché, in omaggio al nome, ho tentato piú volte di leggerne le poesie raccolte nei due volumi pubblicati a Torino nel 1849 dallo stabilimento tipografico di Alessandro Fontana, senza essere mai riuscito ad andare al di là delle prime cinquanta pagine. Le stesse cronache familiari hanno tramandato la notizia (falsa) che la fama di Norberto Rosa nelle contrade alessandrine fosse dovuta al fatto (vero) che egli avesse promosso la sottoscrizione per l'acquisto dei Cento Cannoni che avrebbero dovuto munire i cosiddetti «forti esterni» della città. Ma il fatto avvenne nel 1857 mentre mio nonno era nato dieci anni prima. No, Norberto Rosa era dunque celebre proprio per le sue poesie. Come lo sia diventato e perché, tanto da costringere un ignaro bambino nato nel 1847 e un suo ancor piú ignaro nipotino nato piú di 70 anni dopo a portare un nome cosí estraneo all'onomastica monferrina, giro la domanda ai cultori di storia letteraria piemontese.

Ma l'oroscopo non finisce qui: il paese che ho sopra nominato si chiama Rivalta Bormida, ed è nientemeno (notizia vera) la patria d'origine della famiglia di Giuseppe Baretti. Un mio cugino, archivista dell'Archivio di stato, fece un tempo delle ricerche sulla famiglia dei «Barett» in Rivalta[1], scoperse e indicò esattamente il luogo della «Ca d' Barett», della «Cört d' Barett» (ancor oggi sulla strada fra Rivalta e Montaldo c'è una grossa cascina che si chiama la «Baretta»). Che la notizia sia vera è testimoniato dallo stesso Baretti in alcune note sue lettere, quella ad esempio dell'aprile 1766 in cui si legge: «Da Acqui andai a Rivalta a vedere altri parenti, parte ricchi, parte poveri, parte nobili, parte plebei. Oh quanti ne trovai di ogni generazione in quei paesi!» Per i buongustai di storia locale, nella stessa lettera si legge anche questo: «Ma tutti i beni e tutte le giocondezze della vita debbono pur aver fine: e cosí l'ebbero, tutte quelle che godetti in quell'alto Monferrato, d'onde partii dieci dí sono, conducendo meco nove muli carichi di vini preziosissimi, principale derrata di quella provincia, regalatami a gara da numerosissimi parenti ed amici che ho in quella regione, perché me li beva in Inghilterra...» Non so quanti sappiano invece che sulla vecchia casa dei Baretti di Rivalta è stata posta una lapide, la cui iscrizione fu dettata, mi pare di ricordare, dal «barettolo-

[1] L. Caviglia, *Rivalta Bormida. Brevi cenni storici* e *Giuseppe Baretti. Saggio storico critico e biografico sulle origini dello scrittore*, ediz. fuori commercio, tip. Ferraris, Alessandria 1978.

go», Luigi Piccioni, allora preside del Liceo Alfieri, in cui si legge: «Da famiglia patrizia di questo comune | nacque Giuseppe Baretti | scrittore di rara efficacia | critico battagliero e novatore | coraggioso assertore di italianità | nella Francia e nell'Inghilterra del secolo XVIII | Onde il Duce della nuova Italia volle che fosse solennemente celebrato il 21 settembre 1935».

Tutto si tiene: Giuseppe Baretti fu uno dei numi tutelari di Piero Gobetti che gli dedicò la sua ultima rivista, e fu la prima rivista alla quale mi abbonai in vita mia, al primo anno di università (1927-28), per ingiunzione di Augusto Monti, che ne era diventato il direttore occulto. Gobetti aveva svolto per due anni l'attività di critico teatrale all'«Ordine Nuovo» brandendo la frusta e firmandosi «Baretti Giuseppe» nonché in alcuni ultimi articoli «Mastigàforo», cioè appunto portatore di frusta. Nell'ultima pagina del mio libretto *Trent'anni di storia della cultura a Torino (1920-1950)*[2], che è dedicato idealmente a Gobetti, mi definivo un piemontese che a un certo momento della sua vita aveva sentito il bisogno di «spiemontizzarsi». Pensavo ad Alfieri. Subito dopo aver letto quelle mie pagine, l'amico Dionisotti mi inviò un suo articolo di qualche anno prima, intitolato *Piemontesi e spiemontizzati*, dove mostrava che il primo di coloro che, nati in Piemonte, «vollero cambiar aria, e di aver cambiato non ebbero a pentirsi», era stato Baretti, espatriato su per giú negli anni in cui Alfieri era nato[3]. Dunque Gobetti piemontesista quant'altri mai (su Gobetti piemontese ha scritto recentemente pagine come al solito ben documenta-

[2] N. Bobbio, *Trent'anni di storia della cultura a Torino (1920-1950)*, Cassa di Risparmio di Torino, 1977.

[3] C. Dionisotti, *Piemontesi e spiemontizzati*, in *Letteratura e critica*, Studi in onore di N. Sapegno, Bulzoni, Roma 1975, pp. 329-48.

te Giancarlo Bergami[4]) aveva elevato a modelli ideali due spiemontizzati. Ma c'è poi contraddizione fra il piemontesismo e la spiemontizzazione?

Chiuso il preambolo, proprio da questa domanda potrebbe cominciare un discorso meno occasionale e meno personale sulla cultura in Piemonte. Mi pare si possa dire, se pure con quella schematicità propria delle tesi troppo generali, che ogni riflessione sulla cultura piemontese è destinata a imbattersi continuamente nei due atteggiamenti opposti, di chi si ribella alla patria matrigna e di chi è fiero di esserne figlio, due atteggiamenti che appaiono opposti ma poi entrano l'uno nell'altro, si confondono l'uno con l'altro, come si trattasse delle due facce della stessa medaglia.

Prendiamo un caso tipico, Massimo d'Azeglio. Anche Massimo se n'era andato a Milano per respirare aria piú libera, perché «a Torino c'era da morir tisico», e «le arti vi erano tollerate come gli Ebrei in ghetto», e ogni volta che vi tornava non vedeva l'ora di scappare, spintovi da «quell'abuso di regolarità, di formalità, di distinzioni sociali, di gesuitismo, quella mancanza assoluta d'ogni sintomo di energia e di vita che l'opprimeva»[5]. Eppure dopo Alfieri è il piú alto emblema, e il piú celebrato e perdurante, del piemontesismo, da Calandra a Thovez, da Faldella a Gozzano, da Gobetti a Monti, come ha mostrato recentemente un altro valente giovane studioso di cose piemontesi, Giovanni

[4] G. Bergami, *Piero Gobetti piemontese*, in «Studi piemontesi», VIII, 1979, pp. 26-36. Di recente si è parlato di un Gobetti *meridionalista*: AA.VV., *Piero Gobetti e gli intellettuali del Sud*, a cura di P. Polito, Bibliopolis, Napoli 1995 (che raccoglie gli atti del seminario, svoltosi a Roma nei giorni 28 e 29 aprile 1993, per iniziativa dell'Associazione Nazionale per gli Interessi del Mezzogiorno d'Italia, Roma e del Centro studi Piero Gobetti, Torino).

[5] M. D'Azeglio, *I miei ricordi*, a cura di A. M. Ghisalberti, Einaudi, Torino 1949, p. 475

Tesio[6]. E potrei aggiungere Burzio che fra d'Azeglio e Cavour è incerto a chi dare la palma, e scrive: «Azeglio è la morale pura ed intransigente che, pur nella vita pratica e di fronte alle esigenze del successo, sdegna le doppiezze e non si piega ai compromessi; Cavour è invece la politica eterna, che piega i mezzi al fine e opera sulla realtà quale è», e pur riconoscendo che il primo fu tra i vinti e il secondo fu il grande vincitore, si domanda se non sia stata l'«alta ispirazione morale e l'assoluta lealtà di condotta del d'Azeglio a dare i frutti migliori, anche politici»[7]. E che dire del generosamente iperbolico Valdo Fusi che comincia il suo libro (postumo) su Torino, cosí: «La storia della città, nei primi millecinquecento anni, non figura tra le piú sfolgoranti, ma da quando Emanuele Filiberto la promuove capitale del suo ducato, diventa un'officina; un'officina che ha sfornato prodotti, quasi tutti ineccepibili, e un capolavoro: Massimo d'Azeglio»[8]?

La verità è che fra piemontesismo e spiemontizzazione non sempre c'è opposizione. Dipende. C'è il piemontesismo gretto, gianduiesco, che diffida del diverso perché non arriva a capirlo e lo teme, e c'è il piemontesismo che si rafforza, si rassicura, s'innalza nel confronto con gli altri «ismi» regionali o nazionali, perché, consapevole delle proprie virtú ma anche dei propri vizi, non esalta, al confronto, le prime, ma le pratica, non compatisce i secondi e quasi se ne compiace ma si sforza di guarirne. Per il primo, l'Italia non è stata per usare in senso positivo un verbo che si legge nel *Corso sugli scrittori politici*

[6] G. Tesio, *Presenza di d'Azeglio in alcuni scrittori piemontesi della Nuova Italia*, in «Critica letteraria», III (1975), n. 9, pp. 771-94.
[7] F. Burzio, *Azeglio e Cavour*, in *Piemonte*, editrice Teca, Torino 1965, p. 265.
[8] V. Fusi, *Torino un po'*, Mursia, Milano 1976, p. 9.

italiani e stranieri di Giuseppe Ferrari, ma con una connotazione negativa, «impiemontizzata» abbastanza[9]. Si pensi a un Thovez che scrive: «...mi confermo sempre piú nella mia vecchia idea che i piemontesi potrebbero essere i migliori uomini di stato italiani, essendo, in generale, onesti, prudenti, freddi e saldi nelle convinzioni, nemici delle lustre e della rettorica, che è la peste di tutti gli italiani dei paesi meridionali»[10]. Il secondo sa vedere di questa espansione piemontese che è stata solo militare e burocratica, e non anche intellettuale, i limiti e i difetti, e per capovolgerne il corso muove alla scoperta delle proprie glorie letterarie, donde nasce il mito d'Alfieri poeta civile. (Di questo mito ho parlato a proposito di Gobetti e di Calosso, e del loro diverso modo, il primo piemontesista convinto ma non querulo, il secondo ironico antipiemontesista, d'interpretarlo)[11]. Non si può negare che la storia della cultura piemontese sia stata continuamente attraversata, e quasi ferita, da un certo senso d'inferiorità di fronte allo splendore delle lettere e delle arti di cui vanno fiere altre regioni d'Italia, e morsa dall'ambizione, recuperando il tempo perduto, di contenderne il primato, giunto il momento in cui la missione storica che il destino aveva assegnato a questa terra

[9] Nell'indice della Lezione XVII del *Corso* (1862) si legge: «Primi tentativi per impiemontizzare l'Italia sotto pretesto d'unità e di federazione».

[10] Traggo questo brano dall'art. di Tesio cit., p. 779 – Un piemontesista come Arrigo Cajumi non poteva non essere sensibile a questi umori di Thovez. Nella prefazione all'edizione di *Il pastore, il gregge e la zampogna*, pubblicata da Francesco De Silva (Torino 1948), scrive che Thovez come piemontese era «libero da certi pesi o gravami ereditati che un toscano o un bolognese, inevitabilmente subisce; ed anzi gli danno sprone. Chi guardi bene, troverà proprio nel Baretti, e poi nell'Alfieri, delle prese di posizione analoghe contro lo spirito accademico, e il gusto retorico, che la tradizione, specie toscana, esalta. La *Frusta* non è troppo lontana dal *Pastore*... Entrambi moralisti rudi, schietti, severi, colpiscono i vizi eterni, la ciarlataneria della razza, il canagliume del secolo in cui vivono» (p. XXIII).

[11] N. Bobbio, *Umberto Calosso e Gobetti*, in Id., *Italia fedele: il mondo di Gobetti*, Passigli, Firenze 1986, pp. 189-203.

di confine poteva considerarsi compiuta. In un saggio sulla *Letteratura del Risorgimento in Piemonte*, apparso nel 1898, Giovanni Cena, dopo aver fatto una rapida corsa da Baretti a Tarchetti allo scopo di concludere che il Piemonte non ha niente da invidiare alle altre regioni italiane, spia i sintomi di una sua rinascenza letteraria e si domanda: «Un risveglio di genialità corre dunque su questa fredda terra che il carattere chiuso e rude e il regime concentrato e ferreo avevano per tanto tempo resa sorda ai richiami della poesia e dell'arte?» La risposta è affermativa: al Piemonte, egli risponde, è forse serbata ancora una missione, «indurre, come indusse in tutta la vita italiana, anche nell'arte, una corrente sana e vitale, un po' aspra forse, ma piena di energie originarie, che nell'atmosfera corrotta da profumi inebbrianti e artificiosi porti le emanazioni delle praterie pingui e delle foreste montane»[12]. Balenava in queste parole la speranza che il primato intellettuale del Piemonte fosse il naturale coronamento del primato civile.

Ho citato questo brano perché esprime bene il senso di rivincita di chi vuol risollevarsi dopo essere stato per lungo tempo sotto il giogo altrui. Ma che quella speranza si sia avverata, la speranza che il Piemonte avesse il compito di indurre «una corrente aspra e vitale» nella letteratura italiana, credo che nessuno possa in coscienza affermare, meno che mai chi pensi al «fanciullo tenero e antico» che fu incontestabilmente il maggior poeta piemontese del nuovo secolo. Questo fanciullo, «un peu antique et tiendre» – cosí Francis Jammes che Gozzano aveva ricalcato[13] – mi è venuto all'improvviso in mente

[12] G. Cena, *Letteratura del Risorgimento in Piemonte*, Libreria Roux di Renzo Streglio, Torino 1898, p. 251.

[13] Dalle note di E. Sanguineti a G. Gozzano, *Poesie*, Einaudi, Torino 1973, p. 202, nota 33.

quando ho rivisto in un volume della *Storia d'Italia* einaudiana una bellissima fotografia del poeta, sdraiato su una roccia in un elegante vestito da montagna, sullo sfondo delle alpi nevose – lo scenario mirabile, che un buon piemontese non può ignorare, dal Breithorn al Castore –, solitario, dolente, assorto, melanconico. Nulla che faccia pensare alle «emanazioni» di «praterie pingui e di foreste montane». Un paesaggio sgombro e duro, e un giovane stanco, quasi esangue, che si confonde, quasi sparisce, in esso. Se c'è un periodo in cui Torino è stata tagliata fuori dai movimenti culturali che hanno animato e agitato il paese è stato il primo decennio del secolo, la cosiddetta età giolittiana. Nel saggio già ricordato, *Trent'anni di storia della cultura a Torino (1920-1950)*, contrapposi i trent'anni di cui avevo fatto la storia, da Gobetti a Pavese, ai trent'anni successivi, come il giorno e la notte, o meglio come il meriggio e il crepuscolo. Ma se li avessi confrontati con gli anni precedenti non avrei potuto fare a meno di esprimere suppergiú lo stesso giudizio.

Il secolo nuovo si può far cominciare dall'apparizione di «La critica». Scrivendone il programma nel novembre del 1902, Croce, dopo aver detto che bisogna promuovere «un generale risveglio filosofico», mortificato dal rozzo positivismo, spiega che egli è idealista, perché «la filosofia non può essere se non idealistica». Nello stesso anno 1903, il vero «annus mirabilis» del «risveglio» apparvero, oltre il «Regno», organo del nazionalismo nascente, anche il «Leonardo», i cui direttori si proclamavano, non solo, come tutti ricordano, «desiderosi di liberazione, vogliosi d'universalità, anelanti ad una superior vita intellettuale», ma anche «pagani e individualisti, personalisti e idealisti» e dove, di lí a poco, Prezzolini avrebbe scritto: «Siamo accomunati qui nel "Leonardo" piú dagli odi che dai fini comuni», e fra questi odi enumerava «positivismo, erudizione, arte verista, metodo storico, materialismo, verità borghesi e collettiviste della democrazia – tutto questo puzzo di acido fenico, di grasso e di fumo, di sudor popolare, questo stridor di macchine, questo affaccendarsi commerciale[14]». Che l'idealismo di Croce non fosse quello dei leonardiani – il primo era una teoria filosofica, il secondo un umore –, non toglie che entrambi rappresentassero bene la reazione antipositivistica che segnò, e non solo in Italia, il passaggio dal vecchio al nuovo secolo, nelle due diverse ma non sempre divergenti tendenze dello spiritualismo (intendo per «spiritualismo» la dottrina del primato dello spirito sulla materia, per cui anche la natura è spirito e la storia umana è interpretata come storia dello spirito nelle sue diverse guise) e l'irrazionalismo (con cui intendo tutte le filosofie e le pseudofilosofie del primato ora dell'intuizione sul concetto – Bergson – ora dell'azione sul pensiero – le varie forme di prammatismo). Non sempre divergenti, dico, anzi per un certo tratto di strada convergenti. Quando in un saggio del 1905, intitolato, *A proposito del positivismo italiano*, Croce si vanta di non essere mai stato positivista, depreca il tempo ormai felicemente superato in cui «i soli filosofi riconosciuti legittimi, e circondati di rispetto, erano quelli che promettevano, con gesti da cavadenti arringanti alle folle sul biroccio carico di boccette e scatolini, di fare la filosofia nei "gabinetti", con gli "strumenti" e con le "macchine"» e conclude che il positivismo gli era parso «una rivolta di schiavi contro il rigore e la severità della scienza»[15], sembra quasi riecheggiare i giovani che per non chiamare spiritualisti potremmo chiamare «spiritati»

[14] G. Prezzolini, *Alle sorgenti dello spirito*, in «Leonardo», I (1903), p. 4.
[15] Queste pagine furono pubblicate col titolo *A proposito del positivismo italiano. Ricordi personali*, primamente in «La critica», III (1905), pp. 169-72, quindi nella raccolta di saggi *Cultura e vita morale, Intermezzi polemici*, Laterza, Bari 1914, pp. 45-50. Il passo citato è a p. 44.

(viene sempre da «spirito»). E se non li riecheggiò egli ebbe per un certo tratto di strada a incoraggiarli, almeno sino al celebre saggio del 1907, *Di un carattere della piú recente letteratura italiana*, in cui lamenta che in letteratura al verista si sia sostituito il mistico, in filosofia, al positivista l'esteta. È pur vero che da allora Croce condusse la sua battaglia filosofica su due fronti, sul fronte del positivismo e su quello dell'irrazionalismo e dell'attivismo. Ma bisogna pur riconoscere che vinse soltanto la prima, non la seconda. Il positivismo fu sbaragliato, mentre quell'età è passata alla storia – parlo della storia universale e non solo di quella italiana – come l'età non del trionfo dell'idealismo ma della distruzione della ragione.

Ebbene, Torino era stata negli ultimi anni del secolo la città piú positivistica d'Italia. Non parlo tanto del positivismo come filosofia (intendo Ardigò e la sua scuola che meritava le sferzate di Croce e di Gentile), quanto dell'uso che si andò propagando, e che fu l'effetto piú importante e duraturo del positivismo, del metodo scientifico nello studio di problemi, come quelli che riguardano l'uomo e la sua storia, tradizionalmente riservati alla speculazione filosofica. È un fatto che a Torino l'idealismo filosofico non attecchí. Negli anni in cui l'idealismo diventò la filosofia dominante, Torino rimase refrattaria alla nuova scuola. Non dico che non ci fosse stata una filosofia torinese (alla fine del secolo era ancor vivo sull'ultima onda degli ideali risorgimentali il giobertismo in personaggi come Giuseppe Carle ma era una filosofia in estinzione). Dico che quel poco di filosofia che ci fu non fu idealistica. I tre filosofi piemontesi, Zino Zini (torinese non di nascita ma di adozione), Piero Martinetti e Annibale Pastore, sono tutti e tre, rispetto alla storia della filosofia italiana del Novecento, eccentrici, e sono rimasti, chi per una ragione chi per un'altra, isolati, anche

Martinetti che fu dei tre quegli il cui pensiero ebbe maggiore risonanza[16]. Una rivista di cultura militante come «La Voce», che se non proprio ispirata all'idealismo fece da tramite fra i due maggiori filosofi idealisti e i giovani intellettuali in cerca di guide spirituali, non sarebbe stata neppure lontanamente concepibile in una città come Torino. L'influenza crociana arrivò anche qui, ma piú tardi, negli anni del nuovo «risveglio», e si estrinsecò non già nella filosofia ma nella critica letteraria con Fubini e Sapegno, nella storia antica e moderna con Rostagni e Chabod, nella critica musicale con Mila, per non parlare dell'afflato etico di un Gobetti e di un Ginzburg che a Croce, maestro di vita morale, s'ispirarono.

Torino dunque fu la città forse piú positivistica d'Italia, proprio nel senso in cui l'astiosa reazione antiscientifica dell'inizio del secolo (che fu reazione propriamente detta, cioè «reazionaria») sentiva nel positivismo, per riprendere le parole del giovane Prezzolini «puzzo di acido fenico, di grasso e di fumo, di sudor popolare, di stridore di macchine», il tentativo, dileggiato da Croce, di fare la filosofia con gli «strumenti» e con le «macchine». Oggi, dopo il meraviglioso o mostruoso sviluppo della scienza in questo secolo, è facile, troppo facile, guardare dall'alto in basso - da una altezza che dà quasi la vertigine - quelle prime prove. Ma nessuno può negare che erano le prove attraverso cui doveva passare, sarebbe passato, il progresso civile di una nazione. Non posso entrare nei particolari che in gran parte sono noti (mi riferisco agli scritti di Luigi Bulferetti, e penso soprattutto al libro *Le ideologie socialistiche in Italia nell'età del positivismo evolu-*

[16] Per la fortuna di Martinetti, rinvio al fascicolo della «Rivista di filosofia», LXXXIV, n. 3, dicembre 1993, a cura di P. Rossi, che comprende anche un mio saggio, *«Martinettismo» torinese* (pp. 329-39).

zionistico, 1951), e sono stati illustrati con particolare riguardo all'università da Claudio Pogliano, un altro giovane studioso di storia torinese, in un saggio sulla cultura in Torino negli ultimi decenni del secolo[17]: la scuola medica con Moleschott, Pacchiotti, Bizzozero, Angelo Mosso, l'antropologia criminale di Cesare Lombroso, nelle scienze sociali il Laboratorio di economia politica fondato dal pugliese Cognetti de Martiis nel 1893; l'apparizione nel 1894 della «Riforma sociale»; la casa editrice Bocca, giunta alla terza generazione. Chi sfogli i vecchi cataloghi di Bocca vi troverà il fior fiore della cultura positivistica italiana e straniera da Sergi e Niceforo, da Marchesini a Loria (che pur non essendo torinese insegnò all'università di Torino per anni), da Mach a Gumplowicz. L'università torinese fu la roccaforte della scuola storica nella critica letteraria, che era considerata e fu combattuta come l'espressione del positivismo in letteratura[18]. La disfatta del positivismo come filosofia e il rapido trionfo dei suoi avversari non tolse peraltro che a Torino sia nato con il grande matematico Giuseppe Peano un indirizzo di filosofia scientifica, sulla base della critica dei fondamenti della matematica, da cui avrebbe tratto ispirazione, per sua stessa dichiarazione, uno

[17] C. Pogliano, *Mondo accademico, intellettuali, professione sociale dall'Unità alla guerra mondiale*, in *Storia del movimento operaio, del socialismo e delle lotte sociali in Piemonte*, diretta da A. Agosti e G. M. Bravo, vol. I, *Dall'età preindustriale alla fine dell'Ottocento*, De Donato, Bari 1979, pp. 477-544. Dello stesso autore, *Cognetti De Martiis. Le origini del Laboratorio di economia politica*, in «Studi storici», XVII (1976), pp. 139-68. Su questi temi, vedi anche: E. Gravela, *Giulio Bizzozero*, prefazione di N. Bobbio, postfazione di M.U. Dianzani, Allemandi, Torino s.d. [ma 1989].

[18] Si veda ora il volume aa.vv., *Cent'anni di «Giornale storico della letteratura italiana»*, Loescher, Torino 1985, che raccoglie gli Atti del Convegno tenutosi a Torino, presso l'Aula Magna della Facoltà di Magistero, nei giorni 5-6-7 dicembre 1983 aperto da una mia introduzione, *Il «Giornale storico» e la cultura positivistica* (pp. 1-16).

dei fondatori della logica moderna, Bertrand Russell. Non è un caso che la rinascita del positivismo sotto forma di neo-positivismo sia avvenuta a Torino per opera di un allievo di Peano, Ludovico Geymonat, la cui prima opera apparsa nel 1931, naturalmente presso l'editore Bocca, era dedicata a *Il problema della conoscenza nel positivismo*, e fu accolta nell'ambiente accademico ormai saturo di idealismo come una stranezza, se non addirittura come una aberrazione[19]. Si direbbe che una corrente sotterranea di positivismo non sia mai venuta meno nella cultura torinese: una corrente per lungo tempo non comparsa alla luce del sole, salvo a ricomparire dopo la guerra in un clima completamente mutato, in un ambiente culturale che cercava di allargare i propri orizzonti, ancora a Torino, sua città di origine, col Centro di studi metodologici, che ebbe in Geymonat il principale ispiratore e promotore.

Rispetto a questo filone cosí tipicamente subalpino di filosofia e di scienza positive, mutò col nuovo secolo anche il modo di concepire il compito degli intellettuali. Quel che era accaduto alla metà del secolo a Cattaneo, la cui voce era stata soffocata tra giobertismo e hegelismo, accadde alla fine del secolo al positivismo (ed è accaduto in anni piú recenti al neo-positivismo). La restaurazione filosofica riportò in onore con Gentile in testa la figura dell'intellettuale mentore della nazione. Era un compito

[19] Sull'itinerario intellettuale di Geymonat, vedi M. Quaranta - B. Maiorca, *L'arma della critica di Ludovico Geymonat*, Garzanti, Milano 1977 (contenente anche la bibliografia completa degli scritti). L'aggiornamento della bibliografia è apparso nel volume: aa.vv., *Scienza e filosofia*, a cura di C. Mangione, Garzanti, Milano 1985, pp. 821-54. Cfr. anche L. Geymonat, *La società come milizia*, a cura e con introduzione di F. Minazzi, Marcos, Milano 1989 e L. Geymonat, F. Minazzi, *Dialoghi sulla pace e la libertà*, con un *Saggio sulla moralità di Geymonat partigiano* di F. Minazzi e un'appendice di documenti inediti e rari, Cuen, Napoli 1992. Su Geymonat: aa.vv., *Omaggio a Ludovico Geymonat*, Muzzio, Padova 1992 e N. Bobbio, *Ricordo di Ludovico Geymonat*, in «Rivista di filosofia», LXXXIV (aprile 1993), n. 1, pp. 3-19.

che si presentava come la continuazione del programma post-risorgimentale dell'Italia fatta e degli italiani da fare. Ai giovani estetizzanti di «Hermes» che volevano rialzare «il valore della vita, della razza, del lavoro e dell'impegno» rispondevano due fondatori di «Leonardo» che dando vita alla rivisita miravano a «svegliare e trasformare anime». Corradini pubblicando «Il Regno» annunziava che avrebbe aiutato a «rialzare le statue degli alti valori dell'uomo e della nazione davanti agli occhi di quelli che risorgono». Dalle prime pagine della «Voce» Giovanni Amendola esaltava coloro che negli ultimi anni «hanno tentato in vari modi di richiamare l'attenzione degli italiani sull'importanza della vita dello spirito». Ne riassumeva il programma Prezzolini con queste parole: «Essa [la nuova rivista] vuole educare piuttosto a scegliere un partito che insegnare quale è il partito che si deve scegliere; a formare delle capacità politiche piuttosto che una politica». Gentile pronuncerà durante la guerra e dopo i suoi discorsi alla nazione italiana. La concezione della funzione dell'uomo di scienza e di cultura che ebbero coloro che avevano dato vita ai laboratori scientifici, fossero di biologia o di psicologia o di economia, era completamente diversa: l'uomo di scienza era chiamato a far ricerche utili al progresso sociale. L'ideale dell'intellettuale che essi avevano davanti agli occhi era quello non dell'educatore ma del riformatore. Chi piú chi meno, tutti si volsero alla «questione sociale». Una citazione a caso. Bizzozero, professore alla facoltà di medicina, rivolse ai giovani in un discorso inaugurale dell'anno accademico 1883-1884 queste parole: «Voi udite, e udrete sempre piú, parlare di questioni sociali. Il nostro tempo, tempo di libera discussione, ne ha messe a galla parecchie... Ricordate che quella, ond'io vi intrattenni (si trattava della difesa della società contro le malattie infettive), è la prima delle questioni sociali, perché interessa tutte le classi e tutti gli individui... voi troverete coalizzate contro di voi le forze dell'ignoranza, dell'affarismo, dei pregiudizi, dell'inerzia. Non importa: studiate, combattete, perseverate! »[20].

Attraverso l'interessamento per la questione sociale, molti letterati e scienziati si avvicinarono al socialismo, tanto che spesso si è parlato ironicamente, a proposito del clima culturale torinese della fin di secolo, di un socialismo dei professori, che peraltro non aveva niente a che vedere con il socialismo della cattedra, tanto dottrinario questo quanto quello dettato da uno spontaneo, seppur in taluni effimero, moto del cuore, e tanto meno col socialismo rivoluzionario che attraverso Marx era arrivato ad Antonio Labriola (anche lui professore). Il socialismo dei professori torinesi era il socialismo evoluzionistico. Per addurre uno degli esempi piú noti, Arturo Graf, nel rinnovare l'abbonamento alla «Critica sociale» il 1° gennaio 1892, dichiarava di accettare «tutta, ne' suoi fondamenti, la dottrina socialistica», pur attendendone l'ineluttabile attuazione dalla «legge di evoluzione»[21]. Positivismo e socialismo evoluzionistico erano del resto nati insieme e scomparvero, spazzati dall'onda restauratrice del nuovo secolo, insieme. Sulla debolezza teorica del socialismo riformatore all'inizio del secolo si è detto tutto il male che si poteva dire. Vigoreggiarono col nuovo secolo da un lato il nazionalismo e dall'altro il socialismo rivoluzionario d'origine soreliana, entrambi coi loro furori antidemocratici. Lo stesso Croce scrisse che l'orrore per il positivismo era stato tale «da soffocare per parecchi anni persino le

[20] Traggo questo brano dall'art. di Pogliano cit., p. 505.

[21] Da G. Bergami, *Arturo Graf e il socialismo torinese delle origini*, in *Almanacco piemontese*, Viglongo, Torino 1978, p. 28. Cfr. anche G. De Liguori, *I baratri della ragione. Arturo Graf e la cultura italiana nell'età del positivismo*, Lacaita, Manduria 1986.

tendenze democratiche» che erano state sempre naturali nel suo animo[22]. Anche per questo aspetto uno dei tratti piú caratteristici della cultura torinese di fin di secolo venne meno nella nuova temperie. Brevemente: la cultura torinese era stata prevalentemente positivistica e socialisteggiante. La cultura dominante nell'Italia del ventesimo secolo fu antipositivistica e antisocialistica. Nel 1931 Carlo Rosselli scriverà che «La nuova generazione [cui egli nato nel 1899 apparteneva] tutta idealistica, volontaristica, pragmatista, non capiva il linguaggio materialistico, positivistico, scientificistico dei vecchi»[23].

Nel primo decennio del secolo Torino diventò la prima città industriale d'Italia. Alle soglie dell'età nuova il suo contributo alla storia del nostro paese non fu la creazione di una rivista ma la fondazione della Fiat. Si è detto che la intellighenzia italiana fu impari al compito di accompagnare lo sviluppo economico del paese con una cultura adatta ai tempi, cioè con una cultura da paese industriale moderno, e che la politica praticata dal non intellettuale Giolitti fu, rispetto alla necessità di un paese in trasformazione, piú avanzata di quella predicata dagli intellettuali di grido, anzi di strepito[24]. Come tutte le affermazioni troppo nette, anche questa non può essere accolta senza molte distinzioni. Certo è che l'età giolittiana, l'età in cui si avviò il primo nostro processo di modernizzazione, fu in letteratura l'età del decadentismo, dell'estetismo, del crepuscolarismo. Mentre Torino stava diventando la prima città industriale italiana, Gozzano iniziava la sua prima raccolta di versi cantando:

[22] B. Croce, *A proposito del positivismo italiano* cit., p. 45.

[23] C. Rosselli, *Socialismo liberale*, nuova edizione con introduzione di N. Bobbio, a cura di J. Rosselli, Einaudi, Torino 1979, p. 47.

[24] È la tesi sostenuta da A. Asor Rosa, *Storia d'Italia*, IV, *Dall'Unità ad oggi*, Tomo II, *La cultura*, Einaudi, Torino 1975, specie il cap. *L'età giolittiana*, pp. 1099-311.

«Oh la carezza | dell'erba! Non agogno | che la virtú del sogno: | l'inconsapevolezza». Il Mondo gli pareva una cosa «tutto piena | di lotte e di commerci turbinosi», in cui gli uomini erano «spinti da chimere | vane, divisi e suddivisi a schiere | opposte, intesi all'odio e alle percosse: | cosí come ci son formiche rosse, | cosí come ci son formiche nere...» (che era un modo di guardare alla lotta di classe con aristocratica indifferenza). E Torino gli appariva una «città favorevole ai piaceri» e il tempo in cui cosí la sentiva e vedeva «mite e sonnolento!»

La mancanza di una cultura industriale moderna fu comune in quegli anni tanto al movimento operaio quanto al ceto dei nuovi industriali, cioè a tutti coloro, da una parte e dall'altra, che, seppur per diverse ragioni, avrebbero avuto bisogno di idee nuove e di direttive ideali. Il primo non ebbe a Torino piú forza creativa che altrove: vi languí il marxismo anche nella sua versione evoluzionistica accolta dal riformismo, mentre il socialismo rivoluzionario nato a Napoli vi arrivò tardi e di riflesso. Il gruppo di giovani torinesi che fonderà dopo la guerra una nuova rivista di «cultura socialista», «L'ordine nuovo», il cui primo numero apparirà il 1° maggio 1919, scoccherà i suoi strali piú velenosi contro la povertà culturale del vecchio socialismo che non era stato capace di rinnovarsi, e aveva imprigionato l'azione in formule che l'avevano paralizzata o distorta. Gli avversari. cioè gli imprenditori, che pur diedero vita nel 1906 alla Lega industriale, non recarono che uno «scarsissimo» contributo alla elaborazione ideologica[25]. Furono degli organizzatori, come si diceva, dei «realizzatori», val piú la pratica

[25] Cosí G. Baglioni, *L'ideologia della borghesia industriale nell'Italia liberale*, Einaudi, Torino 1974, p. 491. Si veda ora F. H. Adler, *Italian Industrialists from Liberalism to Fascism. The political development of the industrial bourgeousie, 1906-1934*, Cambridge University Press, New York 1995.

che la grammatica, molto piú polso che testa. Ce lo conferma un bell'articolo di Luigi Einaudi *Piemonte liberale* del 14 ottobre 1922, che lamenta «l'aborrimento delle teorie», proprio dei liberali torinesi, per i quali il liberalismo è diventato uno stato d'animo, piú negativo che positivo, e lo fa derivare da «una certa repugnanza per la fatica intellettuale», tanto piú singolare quanto piú la si confronti «col fervore di studi di cui fu percorso il Piemonte nel periodo glorioso di preparazione dal 1826 al 1848»[26]. In questo stesso articolo Einaudi racconta un aneddoto giolittiano su cui tornerà altre volte. Alla sua domanda quale fosse dopo i tragici fatti del '98 il rimedio piú efficace contro la turbolenza e i disordini, Giolitti gli rispose con due parole che gli rimasero sempre in mente: *governé bin*. «Il che non vuol dire – commenta Einaudi – nel genuino piemontese della nostra provincia di Cuneo, dare un'importanza nazionale al governo dello stato, governare nel senso di Bismarck o di Cavour, ma amministrare con tatto, con sapienza, con competenza». Per l'economista apparentemente freddo che egli era ma pur sempre animato dall'ideale etico della libertà, governare bene era già qualche cosa, ma non bastava.

Occorreva anche avere delle idee. «È ormai un vizio generale di tutti gli uomini politici di tutte le regioni italiane l'aborrimento delle teorie; e si sa che in parlamento, l'accusa piú grave che si possa fare ad un uomo politico è di essere un "teorico". I "professori" che vanno alla carica cercano di fare dimenticare questa loro qualità, astenendosi da qualunque sfoggio di dottrina e fingendosi quanto piú loro riesce ignoranti e "pratici"»[27].

[26] Apparso primamente sul «Corriere della sera», XLVII, n. 247, 14 ottobre 1922, ora in *Cronache economiche e politiche di un trentennio*, vol. VI, Einaudi, Torino 1963, pp. 889-96.
[27] Art. cit., p. 821.

Che scrivendo queste parole Einaudi pensasse anche a se stesso non c'è dubbio. Nonostante la sua intensa e appassionata partecipazione alla vita politica del paese rimase «professore», un aborrito «teorico», per tutta la vita. Insegnò dalla cattedra (la maggior parte dei suoi scritti teorici nacquero dalle lezioni che tenne per decenni all'università di Torino), attraverso il «Corriere della Sera», di cui fu uno dei piú assidui e regolari collaboratori per piú di vent'anni, e anche quando diventò il primo presidente della repubblica italiana, come appare evidente a chiunque legga quella miniera di riflessioni assennate e di utili consigli che è *Lo scrittoio del presidente*. È ormai entrato nell'uso degli storici chiamare il primo decennio del secolo l'età liberale. Il contributo del Piemonte all'età liberale non fu soltanto quello di aver dato i natali e i costumi al suo maggior artefice, al «demiurgo», come lo avrebbe chiamato Burzio autore del piú incisivo saggio su Giolitti che sia mai stato scritto pubblicato su «La Ronda», che torinese non era, ma anche di aver dato natali e costumi a chi è stato senza dubbio il maggior teorico del liberalismo italiano, quel «professore» appunto, che avrebbe voluto anche nella vita politica piú teoria e meno pratica (mi riferisco al liberalismo nel senso classico della parola, comprendente tra le varie libertà dell'individuo anche la libertà di iniziativa economica). Proprio all'inizio del secolo, nel 1900, Einaudi pubblica a soli ventisei anni *Un principe mercante*[28]. Il principe mercante è un coraggioso, intraprendente e intelligente «capitano d'industria» lombardo che ha saputo creare in poco tempo una fiorente industria tessile in Brasile e Argentina. Il libro è un inno all'imprenditore moderno, l'elogio dell'uomo che si è

[28] L. Einaudi, *Un principe mercante. Studio sulla espansione coloniale italiana*, Fratelli Bocca Editori, Torino 1900.

fatto da sé, e termina con il consiglio dato alle famiglie di non continuare a indirizzare i figli verso le carriere burocratiche ma di avviarli «alla fortuna sulla via delle industrie e dei commerci».

Per tutta la vita Einaudi non venne meno a due o tre convinzioni fondamentali che costituiscono il nocciolo della dottrina liberale: la società essere fatta da individui ed essere quindi ogni società tanto piú civile quanto piú i singoli individui sono, e sono considerati, responsabili delle proprie azioni; diventar gli individui tanto piú responsabili quanto piú sono lasciati liberi di perseguire i propri interessi e quanto meno lo stato vi interferisce; dipendere il progresso storico dalla incessante lotta di individui e di gruppi, donde la necessità che lo stato governi il meno possibile, quel tanto che basta per impedire la violazione delle regole del gioco. Quando era ormai imminente la dittatura scrisse un articolo per decantare la «bellezza della lotta»[29]. Dalle colonne della «Stampa» prima e del «Corriere della sera» poi, dalle pagine della «Riforma sociale», combatté una continua battaglia per difendere «gli ideali di un economista[30]» (il titolo che diede a un libro pubblicato nel 1921), che erano poi gli ideali della libertà politica ed economica contro ogni forma di autoritarismo statale e di statalismo economico, in difesa non solo dell'imprenditore ma anche del piccolo risparmiatore, del contadino che difende con le unghie e coi denti il piccolo pezzo di terra, dell'operaio che lotta per migliorare la propria condizione economica[31].

[29] Cosí si intitola la prefazione che Einaudi scrisse per una raccolta di scritti inediti, *Le lotte del lavoro*, pubblicata da Gobetti nel 1924.

[30] L. Einaudi, *Gli ideali di un economista*, «La Voce», Firenze 1921.

[31] Riassumo qui brevemente il tema centrale del mio articolo *Il pensiero politico di Luigi Einaudi*, in «Annali della fondazione L. Einaudi», vol. VIII, 1974, pp. 183-215.

La letteratura piemontese, o meglio piemontesistica, ci ha tramandato un ritratto dell'«homo pedemontanus», che ci è familiare: laborioso, leale, probo, di poche parole, riservato nell'espressione dei suoi sentimenti, misurato nei gesti, obbediente ma non servile, un po' testone ma rassicurante, un po' tardo ma fermo nei suoi principi. Le cui massime capitali sono: «Fa ël tò dover e chërpa», che è la traduzione volgare del kantiano imperativo categorico; «A l'è question d'nen piessla», che rappresenta la quintessenza della saggezza popolare, della gente che le legnate della dea bendata è abituata piú a riceverle che a darle; «Esageroma nen», ovvero il senso dei propri limiti e la conseguente diffidenza per chi siede a scranna. Einaudi è stato un piemontese di razza, un'incarnazione perfetta del tipo. Lo descrisse mirabilmente Gobetti: «L'uomo, appena conosciuto, ispira solida fiducia. Spoglio di qualità decorative, libero dagli atteggiamenti falsi – enfatici o conciliativi – che la società convenzionale impone a chi se ne lasci dominare. Esercita, senza teorizzarla, una morale di austerità antica di elementare semplicità»[32]. Non solo dunque per il suo magistero, della cui importanza cresce la consapevolezza negli anni, ma anche per il suo carattere umano, Einaudi può ben essere considerato il rappresentante ideale della cultura piemontese del primo Novecento, di quell'età in cui la grande cultura nazionale ferveva altrove.

[32] P. Gobetti, *Il liberalismo di Einaudi* (1922), ora in *Scritti politici*, Einaudi, Torino 1960, p. 323.

2.

L'ultima seduta

Questa nostra seduta è sotto tanti aspetti, normale. Normale, naturalmente, per voi, non per me, perché è l'ultima, proprio l'ultima. L'ultima di una lunghissima serie, durata quasi mezzo secolo. Dico «quasi» sebbene il mio primo insegnamento universitario abbia avuto inizio all'Università di Camerino alla fine del 1935. Ma in quella Università, piccola, com'era piccola la città che l'ospitava – una delle tante «città del silenzio», posta in cima a un colle, cinta da mura, donde si vedevano montagne innevate quasi tutto l'anno, i Monti Sibillini – sedute di Facoltà non se ne facevano, perché gl'incaricati allora non vi erano ammessi e di professori di ruolo ce n'era uno solo: Lello Gangemi, di scienza delle finanze, allievo dell'allora potente Alberto De Stefani, che era stato ministro delle Finanze dei primi governi di Mussolini. Come preside non per elezione ma per decreto di natura, era nella stretta necessità di convocare soltanto se stesso.

A Camerino rimasi tre anni. La mia carriera di professore di ruolo, se pure come professore straordinario, cominciò a Siena, dove restai due anni, successore del ben piú noto Felice Battaglia, che quell'anno era stato chiamato a Bologna, dove rimase sino alla fine della sua carriera, e ne diventò anche per molti anni Rettore. Preside della Facoltà di Giurisprudenza di Siena era un dotto e arguto penalista, Ottorino Vannini, originario di Castel del Piano, ai piedi del Monte Amiata, la terra di Davide

Lazzaretti, di cui sapeva per filo e per segno la singolare e tragica storia. Ebbe allora inizio anche la mia lunga pratica di segretario di Facoltà, perché ero dei pochi professori di ruolo, non piú di una decina, il piú giovane. Fui anche l'ultimo anno o forse soltanto per qualche mese, direttore del Circolo giuridico, che era la biblioteca di facoltà, e pubblicava, e pubblica tuttora, una rivista che s'intitola «Studi senesi». I due anni senesi non furono per me anni di studi giuridici. Li dedicai quasi esclusivamente alla preparazione della edizione critica della *Città del Sole* di Tommaso Campanella che poi uscí da Einaudi nel 1941.

La funzione di segretario di facoltà, in cui non eccelsi mai nonostante il lungo esercizio, continuò per tutto il tempo che rimasi all'Università di Padova, dal 1940 al 1948, con qualche interruzione obbligata, dovuta agli avvenimenti del tempo, tra il 1943 e il 1945. L'ultimo preside che ebbi a Padova, Enrico Guicciardi, amministrativista, giurista di valore e persona eccellente, i verbali, con mia grande soddisfazione, me li dettava lui. Credo siano i migliori passati alla storia con il mio nome. Nei tre anni che sono stato preside di questa Facoltà[1], tra il 1973 e il 1976, devo ammettere che talora i verbali mi venivano restituiti dal ministero per inesattezze formali. Non ho alcuna difficoltà a fare *in limine* una confessione: le sedute di facoltà, specie quelle da me presiedute, ma non solo queste, sono sempre state un tormento della mia vita.

Ma ora che so che questa è l'ultima, proprio l'ultima, sono nello stato d'animo, tra malinconia e rimpianto, di chi dice addio a qualche cosa di molto importante. Questo «qualche cosa» sono nel mio caso nientemeno cin-

[1] La Facoltà di Scienze politiche dell'Università degli Studi di Torino. Si veda il volumetto, a cura del Dipartimento di studi politici, *A Norberto Bobbio. La Facoltà di scienze politiche*, Torino 1986.

quant'anni della mia vita passati insegnando, facendo corsi, spesso due ogni anno, e un numero incalcolabile di esami, partecipando a non so quante sedute di laurea, per non parlare delle commissioni di concorso, una piaga del nostro mestiere. (Una piaga da cui mi rallegro, fra tante note tristi, di essere ormai completamente esonerato).

Di questi cinquant'anni, metà li ho trascorsi nella Facoltà di Giurisprudenza torinese: vi sono arrivato alla fine del 1948 e l'ho lasciata per la Facoltà di Scienze Politiche da poco tempo istituita nel 1972.

Qui ho trascorso gli ultimi dodici anni della mia carriera accademica, trovandomi con colleghi generalmente molto piú giovani di me, sono io stesso ringiovanito, o m'illudo di esserlo, e ho trovato un'atmosfera confortevole di reciproca comprensione e di sostanziale accordo sulle questioni essenziali, come il modo d'intendere il rapporto fra docenti e studenti, l'organizzazione dell'insegnamento, la mano tesa verso la società che ci circonda. Qui, soprattutto, è stato deposto da parte dei docenti, giovani e vecchi, il tradizionale cipiglio accademico. Vi saluto tutti salutando il nostro decano, il fraterno amico Alessandro Passerin d'Entrèves, che è stato il primo preside della Facoltà, cui auguro ancora lunghi anni di vita e il lavoro[2].

Del resto, questo addio era atteso e in un certo senso anche auspicato. A una certa età bisogna andarsene. Diventa sempre piú difficile essere aggiornati, seguire il moto sempre piú accelerato delle idee, le novità che ci aggrediscono da tutte le parti, specie in un'età come la nostra in cui le correnti di pensiero si avvicendano con una velocità vertiginosa e sono paragonabili a mode, ef-

[2] Morí il 16 dicembre 1985. Per le notizie sulla sua vita e sulle sue opere, rinvio al mio *Ricordo di Alessandro Passerin d'Entrèves*, in «Rivista di filosofia», LXXVII, n. 1, 1987, pp. 111-20.

fimere appunto come le mode. Sono tranquillo perché ritengo il mio compito finito. Quello che è avvenuto il luglio scorso e mi ha impedito di mettermi definitivamente a riposo, è una coda, di cui non so ancora misurare la quantità di veleno. Temo sia molta[3].

Spero però di poter continuare a stare in contatto coi giovani. Sto volentieri con loro, anzitutto perché mi aiutano a non invecchiare piú di quel che sia fisiologicamente fatale, sia perché, a differenza di molte persone arrivate a una certa età, non li invidio. Tra le mie voci segrete non c'è quella che canta: «Quanto è bella giovinezza». So quali sono le ansie del giovane che esce dal grembo della famiglia e si affaccia alla vita. La nostra giovinezza è passata attraverso eventi tragici. Ma il futuro non mi sembra molto piú luminoso.

Avete voluto rendere piú memorabile questa seduta offrendomi la bibliografia dei miei scritti, un volume di 260 pagine, ben stampato, nonostante le difficoltà di una simile impresa, e ne siano date lodi all'editore, Franco Angeli, che ha messo a nostra disposizione la sua competenza e molta sollecitudine[4]. Si tratta di un omaggio concreto, non di sole parole ma di cose, di una cosa che si tocca con le mani e si vede con gli occhi, ed è destinata a durare nel tempo, almeno in qualche grande bi-

[3] Mi riferisco alla nomina a senatore a vita, voluta dall'allora Presidente della Repubblica, Sandro Pertini, avvenuta il 18 luglio 1984.

[4] Si tratta del volume *Norberto Bobbio: 50 anni di studi. Bibliografia degli scritti 1934-1983*, a cura di Carlo Violi, che comprende in appendice la *Bibliografia di scritti su Norberto Bobbio*, a cura di Bruno Maiorca, Angeli, Milano 1984, pubblicato nella collana «Gioele Solari» del Dipartimento di studi politici dell'Università di Torino, con la collaborazione del Centro studi di Scienza politica Paolo Farneti. Sempre presso Angeli, nel 1990 è uscito l'aggiornamento (1984-88), a cura di Violi e Maiorca. La prima bibliografia dei miei scritti, relativa agli anni 1934-65, a cura dello stesso Violi, uscí presso il Circolo giuridico dell'Università di Siena. Si veda ora: *Bibliografia degli scritti di Norberto Bobbio 1934-1993*, a cura di Carlo Violi, Laterza, Roma-Bari 1995, p. XLII-489.

blioteca pubblica o nella piccola biblioteca privata di alcuni amici. Quello che avevo da dire su questa bibliografia, sui suoi pregi e sulle mie inquietudini, l'ho scritto nella prefazione[5]. Quando la scrissi il libro non l'avevo ancora visto. Ora che l'ho tra le mani, posso dire che è proprio ben riuscito. Parlo s'intende della veste esteriore, della composizione tipografica, dell'enorme quantità di schede raccolte e minutamente descritte, derivate da giornali e riviste che sembrano fatti apposta per sottrarsi a ogni ricerca, degli accuratissimi indici finali. Come le guide del telefono, le bibliografie sono libri da consultare, non da leggere una pagina dopo l'altra. Non pretendo che questa sia utile come una guida del telefono. Almeno per me è stata utilissima. È come un diario, il diario che non ho mai scritto e non scriverò mai. Scorrendola vi passo in rassegna tutta la mia vita, tranne la giovinezza, le prime schede essendo del 1934, quando avevo ormai venticinque anni, e gli anni futuri, quelli che mi restano ancora da vivere. Pochi o molti, non so. Ma in fondo è una cosa che non vi riguarda.

Infine, per dimostrarvi che tutti questi libri e articoli schedati li ho scritti davvero, faccio omaggio alla Facoltà di alcuni di essi usciti in questi ultimi anni. Come vedete, sono un bel mucchietto.

[5] Ora in questo volume, con il titolo *Per una bibliografia*, alle pp. 81 sgg.

3.
Per una bibliografia

La fine della mia carriera accademica (1° novembre 1984) coincide quasi esattamente col compimento del mio 75° anno di età (18 ottobre 1909) e con il cinquantennio della mia attività scientifica (1934-84). Non attribuisco alcun significato particolare a questo ordine casuale di eventi necessari, ciascuno preso di per se stesso, ma il mio «istinto delle combinazioni» (per usare una celebre categoria di uno dei miei autori, Vilfredo Pareto) ne è soddisfatto[1].

Quando ho avuto tra le mani le piú di mille schede raccolte con pazienza, precisione e ammirevole scrupolosità da Carlo Violi in anni di perseverante ricerca, la prima impressione è stata di sgomento. Non avrei mai immaginato, scrittore di non facile vena, quale io sono, anche quando scrivo un articolo di giornale, di aver ammucchiate nella mia vita, una dietro l'altra, tante pagine di carta stampata. Ci sono voluti, è vero, cinquant'anni.

[1] In occasione del mio 75° anno è uscito, oltre la bibliografia, un volume, *La teoria generale del diritto. Problemi e tendenze attuali. Studi dedicati a Norberto Bobbio*, a cura di U. Scarpelli, Comunità, Milano 1983, con scritti di S. Castignone, Amedeo G. Conte, S. Cotta, Enrico di Robilant, L. Ferrajoli, L. Gianformaggio, R. Guastini, M. Jori, G. Lazzaro, E. Pattaro, U. Scarpelli, G. Tarello, G.R. Carriò, A. Ruiz Miguel, J. Wróblewski. Da un convegno svoltosi all'Università di Torino tra il 18 e 20 ottobre 1984, sono stati tratti i saggi che compongono il volume *Per una teoria generale della politica. Studi dedicati a Norberto Bobbio*, a cura di L. Bonanate e M. Bovero, Passigli, Firenze 1986, con scritti di L. Bonanate, P. Rossi, C. Cesa, U. Cerroni, E. Garin, R. Bodei, N. Matteucci, S. Veca, G. Pasquino, M. Bovero, conclusi con un mio *Congedo* (pp. 243-53, ora in questo volume, pp. 95 sgg).

Ma il risultato è egualmente sorprendente, anche perché, pur avendo trascorso una buona parte delle mie giornate con la penna in mano o davanti alla tastiera di una macchina da scrivere, ho svolto dal 1935 al 1979, e oltre, uno o due corsi universitari all'anno cercando di non ripetermi e toccando quindi vari argomenti monografici, ho tenuto innumerevoli conferenze in giro per l'Italia e fuori, ho partecipato a non so quanti convegni (vera e propria piaga dei nostri tempi) su tutti gli argomenti possibili e immaginabili, ho dato il mio contributo, non sempre di buona grazia, lo ammetto, al rito delle tavole rotonde, e ho scritto, non rivelo un segreto, una miriade di lettere. Riconosco che questo risultato non sarebbe stato possibile se non mi fosse stato dato di vivere una vita privata serena e felice che debbo prima di tutto a mia moglie.

L'impressione di sgomento dipende anche dal fatto che la bibliografia pecca, a mio parere, per eccesso. In quest'età delle comunicazioni di massa e del trionfo dell'effimero, in cui diventano sempre piú frequenti sino a diventare assillanti le sollecitazioni a esprimere un'opinione sugli avvenimenti del giorno («a caldo» come si dice in gergo), a fare una dichiarazione pro o contro un determinato provvedimento su fogli destinati a vita brevissima, un giorno, poche ore, usati e buttati via come vuoti a perdere, che non lasciano alcuna traccia persino in quegli immensi cimiteri che son diventate le grandi biblioteche nazionali, era proprio necessario registrare tutti gli articoli di giornale, le molte risposte a interviste che sono state reperite (anche se quest'ultime pudicamente in carattere piú piccolo), gli scrittarelli disseminati in pubblicazioni nate morte, diventate subito per sempre irreperibili? Al criterio della selezione ragionata, l'autore della bibliografia, anche per la difficoltà oggettiva di trovarne uno diverso, ha preferito quello della completezza, il cui raggiungimento, che viene di solito considerato impossibile, sarebbe in questo caso ben meritato per la tenacia e la sagacia con cui è stato applicato.

Fortunatamente ho cominciato a scrivere con una certa regolarità sui giornali quotidiani in età avanzata, alla fine del 1976. L'uso smodato delle interviste che i grandi studiosi della generazione precedente alla mia, come Croce ed Einaudi, dei quali sono state pubblicate bibliografie esemplari, non conobbero, è cominciato da poco piú di dieci anni. Una prima timida intervista appare nel 1955 e una nel 1974, ma nel 1975 e nel 1976 sono già sei e sette, nel 1977 dodici, nel 1978 tredici, nel 1979 diciotto. Cosí la bibliografia si è enormemente gonfiata, sebbene solo negli ultimi anni. *Motus in fine velocior*. La media quasi costante di una ventina di schede all'anno è stata sconvolta a cominciare dal 1976, quando compaiono, con un balzo in avanti sospetto, 62 schede per aumentare sino a 75 nel 1978. Divisa la bibliografia in cinque decenni, si salta da un'ottantina di schede nel primo, a piú di duecento nel secondo, a quasi trecento nel terzo, donde si discende a sotto le duecento nel quarto per salire vertiginosamente a piú di cinquecento nel quinto (e ultimo, almeno per ora).

Mi auguro che questa ridondanza non venga interpretata come espressione della convinzione che a ogni titolo corrisponda uno scritto degno di passare alla storia. Per riprendere la metafora cimiteriale che mi perseguita, anche i morti senza gloria hanno diritto a una lapide, sebbene dopo qualche anno nessuno sguardo pietoso vi si poserà sopra e le parole incise sbiadiranno sino a diventare illeggibili. Tanto meno, come un atto di vanità (del resto non voluto). Non ho mai avuto la tentazione di scrivere la storia o la cronaca della mia vita, che sarebbe stata di scarso interesse. Non ho mai tenuto un diario dove ogni piccolo fatto quotidiano assume il valore di un avvenimento. Insomma non mi sono mai preso troppo sul serio. Ed è questa una delle ragioni per cui non mi sono lasciato travolgere nelle polemiche personali, che divertono i lettori, ma non giovano agli studi. Ho l'abitudine, questo sí, d'interrogarmi (e di tormentarmi), di dialogare con me stesso e di trarre da questa severa inquisizione giudizi generalmente non benevoli. Vi sono due categorie di persone: i soddisfatti di sé e i mai contenti. Io appartengo senza ombra di dubbio alla schiera dei secondi. L'unico libro che mi sentirei di scrivere su di me sarebbe qualche cosa di simile al saggio di Croce, *Contributo alla critica di me stesso*. Se lo avessi scritto sarebbe stato un libro senza falsa indulgenza.

Prima di tutto, ho imparato a non insuperbire, mettendomi a confronto quotidianamente coi grandi maestri del pensiero, antichi e moderni. Come ben sanno coloro che hanno seguito i miei corsi, ho sempre insistito sulla necessità di ascoltare la «lezione dei classici» tanto da aver letto e riletto e commentato infinite volte gli stessi libri. Ed è stata una lezione prima di tutto per me. Secondariamente, ho avuto tra le mani un numero sterminato di dotti volumi di studiosi un tempo celebrati o autocelebrantisi, di cui non è rimasto alcun ricordo salvo quattro o cinque righe in una enciclopedia. Non ho alcuna difficoltà a immaginare che non passeranno molti anni che uno dei soliti rovistatori di carte, trovandosi tra le mani questa bibliografia, porrà a se stesso la domanda che si pose Don Abbondio all'inizio del cap. VIII dei *Promessi sposi*. Mi considero, infine, appartenente alla famiglia dei filosofi, una famiglia di cui si è continuato a discutere per secoli, e si discute tuttora, l'origine, l'identità e persino l'esistenza, unicamente perché ho sempre avuto profondissimo, sino a smarrirmici, non solo il senso dell'immensità dello spazio («gli infiniti mondi», di cui cominciò a parlare Giordano Bruno e che ora anche uno studentello non può piú ignorare), ma anche del tempo, e quindi, con riferimento al tempo umano, della storia, di questa storia che sappiamo essere nata milioni e milioni di anni fa, eppure finita, destinata a finire, e di cui cominciamo ad avere qualche barlume dell'origine remota ma non sappiamo nulla della direzione, posto che ne abbia una, e della fine, di cui è certo l'evento, incerta soltanto la data. Tra le mie voci interiori ce n'è una che non mi abbandona, il canto di Leopardi *A se stesso*: «Perí l'inganno estremo | ch'eterno io mi credei...»

Quale utilità possa avere questa bibliografia per gli studiosi non spetta a me giudicare. A me essa offre un vasto materiale di riflessione per un bilancio finale, tanto piú necessario e doveroso quanto piú chi getti uno sguardo sulla successione delle schede, disposte cronologicamente ed entro ogni anno in ordine alfabetico, stenta a raccapezzarvisi e si chiede dove sia e se ci sia un filo rosso che le attraversi. Dico subito che un filo rosso probabilmente non c'è. Io stesso non l'ho mai intenzionalmente cercato. Questi scritti sono frammenti di piú disegni non sovrapponibili l'uno sull'altro, e ciascuno incompiuto.

Tanto per cominciare, sarei imbarazzato se dovessi dichiarare quali siano stati i miei autori. Ne posso elencare una decina tra i quali non sarebbe facile trovare convergenze di pensiero o affinità elettive. *Si parva licet*, in una celebre pagina della sua autobiografia Giambattista Vico, pur avendone indicati soltanto quattro, ha proposto un enigma non ancora risolto ai suoi interpreti che continuano a domandarsi perché proprio quei quattro (per chi non li ricordasse, Platone, Tacito, Bacone e Grozio). Dei miei dieci, i primi cinque sono i maggiori filosofi politici dell'età moderna e quindi rappresentano una scelta quasi obbligata che non richiede spiegazioni, almeno sino alla rottura della tradizione del pensiero politico razionalistico, compiuta da Marx: Hobbes, Locke, Rousseau, Kant e Hegel. Per i cinque contemporanei, che elenco non in ordine cronologico ma secondo l'ordine soggettivo del tempo nel quale mi sono accostato a loro, Croce, Cattaneo, Kelsen, Pareto, Weber, ogni tentativo di presentarli come tappe di una successiva e progressiva illuminazione sarebbe sin troppo apertamente una rassicurante razionalizzazione postuma destinata a non ingannare il lettore. Ognuno di questi autori ha avuto la sua parte in momenti diversi della mia formazione e rispetto a diverse direzioni dei miei studi. La filosofia della storia, per quanto arbitraria, ha il fascino della grandiosità: lo stesso metodo, applicato alle vicende di una esistenza singola alla quale non si addice il pensare in grande, mostra tutta la sua fragile inconsistenza. Difficile conciliare l'ottimismo storico di Croce (la storia è sempre storia della libertà) con l'antropologia pessimistica di Pareto (la storia è un susseguirsi di cicli che si alternano senza un ordine apparente), il prammatismo illuministico di Cattaneo con il formalismo asettico di Kelsen e con il robusto costruttivismo storico di Weber. Da Croce, maestro di una generazione che aveva rifiutato il fascismo, ho appreso a distinguere una volta per sempre l'impegno dell'uomo di studio da quello immediatamente politico. Cattaneo mi ha liberato definitivamente dalla prigione delle sterili astrazioni filosofiche nelle quali è impigliata di solito la mente giovanile. Pareto, iconoclasta, scettico appassionato, mi ha aiutato a comprendere i limiti della ragione e nello stesso tempo l'universo sconfinato della follia umana. Devo a Kelsen l'aver potuto accedere senza sforzo a un sistema compiuto di concetti-chiave per la comprensione realistica (non ideologizzata) del diritto distinto dalla sua base sociale e dai valori che di volta in volta lo ispirano. Da Weber, infine, ho tratto in questi ultimi anni un aiuto decisivo nel ripensamento e nella riformulazione delle principali categorie della politica.

Scorrendo la bibliografia, vien fatto subito di distinguere gli scritti appartenenti alla cultura accademica da quelli appartenenti alla cultura militante. I primi possono alla loro volta essere distinti secondo che rientrino nella filosofia del diritto o nella filosofia politica, gli uni predominanti nella prima fase e piú lunga, i secondi nella seconda, da quando lasciai l'insegnamento della filosofia del diritto iniziato nel 1935 e ho iniziato nel 1972 quello della filosofia politica (ma già sin dal 1962 avevo svolto corsi di scienza della politica accanto a quelli di filosofia del diritto)[2]. Gli scritti di filosofia politica hanno piú dei primi carattere storico, avendo spesso per oggetto filosofi del passato, Hobbes, Locke, Kant, Hegel, ma non sono propriamente scritti di storia del pensiero politico, perché il loro scopo ultimo è la definizione e la sistemazione di concetti che avrebbero dovuto servire alla elaborazione di una teoria generale della politica.

Dal punto di vista formale, la distinzione fondamentale è tra corsi universitari e raccolte di saggi. Dei primi, quelli che hanno avuto piú successo sono, nell'ambito della filosofia del diritto, la *Teoria della norma giuridica*

[2] Il mio lavoro nel campo della teoria del diritto è già stato ampiamente e accuratamente documentato da Patrizia Borsellino, in un libro uscito di recente, che registra 185 titoli con relativo regesto, preceduti da una presentazione che individua e descrive diverse fasi di sviluppo di questi studi (*Norberto Bobbio e la teoria generale del diritto. Bibliografia ragionata 1934-1982*, Giuffrè, Milano 1983).

(1958), la *Teoria dell'ordinamento giuridico* (1960)[3], il *Positivismo giuridico* (II ediz. 1979), attualmente ancora adottati, e nell'ambito della filosofia politica, *La teoria delle forme di governo nella storia del pensiero politico* (1976). Delle seconde, piú volte ristampate, *Giusnaturalismo e positivismo giuridico* (1965) e *Dalla struttura alla funzione. Nuovi studi di teoria del diritto* (1977), nel campo del diritto, *Da Hobbes a Marx* (1965) e *Saggi sulla scienza politica in Italia* (1969)[4], nel campo della teoria politica.

Alla cultura militante sono arrivato tardi. Appartengo a una generazione uscita adulta dal fascismo, che non lasciava alcuna scelta tra l'apologia e il silenzio. Ma a differenza di molti amici di allora che passarono anni di prigione nelle carceri o nei luoghi di confino, mi volsi agli studi per vocazione, non per necessità. La mia collaborazione alla rivista di fronda, «La cultura», pubblicata dal giovane editore Giulio Einaudi, si limitò a una recensione della edizione laterziana, promossa da Croce, de *La lotta per il diritto* di Jhering, che rientrava nell'ambito dei miei interessi di apprendista filosofo. I primi tentativi di scrivere per il grande pubblico sono nascosti in due articoli apparsi sul settimanale «Il tempo» che si stava cautamente rinnovando in attesa dell'imminente fine della dittatura: *Individualismo e universalismo* (apparso in maggio) e *Dal mito all'utopia* (apparso in agosto durante i 45 giorni di Badoglio). Il lavoro durato piú anni per una edizione critica della *Città del Sole* di Tommaso Campanella, apparsa nel 1941, non fu l'effetto di una libera

[3] Questi due corsi sono stati ristampati in un volume solo, col titolo *Teoria generale del diritto* e una mia prefazione, datata agosto 1993, dall'editore Giappichelli, Torino 1993. Un'ampia raccolta di miei saggi di filosofia del diritto è stata curata da R. Guastini, col titolo *Contributi a un dizionario giuridico*, presso lo stesso editore Giappichelli, Torino 1993.

[4] Recentemente ristampati, con l'aggiunta di nuovi scritti, Laterza, Bari 1996.

scelta: suggerito da Leone Ginzburg, rappresentò un tentativo di evadere dagli aridi studi di teoria del diritto, ma serví anche a liberarmi definitivamente dal fascino del pensiero utopistico. La mia prima stagione di scrittore militante comprende due o tre articoli apparsi sui giornali clandestini del tempo della Resistenza e la mia collaborazione al quotidiano torinese del Partito d'Azione «Giustizia e Libertà», vissuto pochi mesi, diretto da Franco Venturi. Il mio maestro ideale fu in quegli anni Carlo Cattaneo che contro la filosofia degli addottrinati aveva scritto «la filosofia è una milizia». Vi dedicai uno studio scritto tra la primavera del 1944 e quella del 1945, nel tempo libero dall'attività politica clandestina, la sera, durante il coprifuoco, che ci costringeva a restar chiusi in casa. Molti anni piú tardi raccolsi in volume questo scritto insieme con altri sullo stesso argomento e lo intitolai *Una filosofia militante*[5].

Il quotidiano scontro col volto demoniaco del potere mi fece scoprire alla fine della guerra la filosofia politica di Hobbes, cui già mi ero avvicinato qualche anno prima recensendo nel 1939 *Der Leviathan in der Staatslehre des Thomas Hobbes* di Carl Schmitt. Lo studio principale cui mi dedicai dopo la liberazione fu l'edizione annotata del *De cive* che apparve tra i primi volumi della collana dei «Classici politici», diretta da Luigi Firpo per la Utet (1948)[6]. Invitato nel 1946 dal rettore dell'Università di Padova, dove allora insegnavo, a tenere la prima prolusione all'anno accademico nell'Università liberata, la dedicai a una riflessione sulla formazione dello Stato moderno, *La persona e lo Stato*, che conteneva idee svilup-

[5] N. Bobbio, *Una filosofia militante. Studi su Carlo Cattaneo*, Einaudi, Torino 1971.

[6] Una raccolta dei miei saggi hobbesiani è uscita col titolo *Thomas Hobbes*, Einaudi, Torino 1989.

pate in seguito. Pubblicata unicamente negli «Annali dell'Università», fu presto dimenticata (anche da me)[7].

I dibattiti di attualità politica cui ho partecipato sono stati essenzialmente due: il primo, intorno al problema dei diritti di libertà, che difesi contestando la tesi della contrapposizione frontale fra liberalismo e comunismo, sostenuta dagli intellettuali militanti nel partito comunista, negli anni Cinquanta; il secondo, intorno al tema della teoria dello Stato e della democrazia in Marx, vent'anni piú tardi, su per giú con gli stessi avversari, pur essendo ormai diversi gl'interlocutori. Ne sono nati due libri, *Politica e cultura* (1955) e *Quale socialismo?* (1976), i soli miei libri che, oltre le dispense universitarie, abbiano avuto un largo pubblico. In questi ultimi anni sono tornato spesso sul tema della democrazia in crisi o in trasformazione o in agonia o in inarrestabile progresso secondo i diversi punti di vista: i relativi scritti faranno parte di un prossimo volumetto[8]. Fu in seguito al secondo dibattito che ricominciai dopo tanti anni la mia collaborazione a giornali quotidiani: gli articoli sono raccolti in parte nel libro *Le ideologie e il potere in crisi* apparso nel 1981[9].

Da circa vent'anni ho dedicato buona parte dei miei scritti d'attualità al tema della pace e della formazione di una coscienza atomica. Sia per la novità assoluta del tema, che mette in questione ogni tradizionale filosofia della storia, sia per il modo con cui l'ho trattato per

[7] Ma è stata recentemente ristampata con altri scritti del tempo nel volumetto *Tra due repubbliche. Alle origini della democrazia italiana*, con una nota storica di T. Greco, Donzelli, Roma 1996, pp. 72-86.

[8] Pubblicato, col titolo *Il futuro della democrazia. Una difesa delle regole del gioco*, Einaudi, Torino 1984.

[9] Un secondo volumetto di articoli apparsi su «La Stampa», pubblicati tra il 1981 e il 1989, è uscito presso la Editrice La Stampa, Torino 1990, col titolo *L'utopia capovolta*, con prefazione di Gaetano Scardocchia. Ne è seguita una seconda edizione riveduta con prefazione di Ezio Mauro, 1995.

grandi sintesi dottrinali e per avervi per la prima volta introdotto la metafora prediletta del labirinto, considero centrale nella mia opera di saggista lo scritto *Il problema della guerra e le vie della pace* che, pubblicato su «Nuovi argomenti» nel 1966, costituisce la prima parte del volumetto dallo stesso titolo apparso nel 1979 e giunto ora alla terza edizione[10].

Un posto a parte ma non marginale occupano i miei scritti di testimonianza: i tempi tragici che abbiamo attraversati e le terribili prove che abbiamo dovuto superare per ridiventare finalmente uomini liberi mi hanno condotto sulle tracce di alcuni protagonisti dei quali ero stato o discepolo o amico. I saggi scritti nelle piú diverse occasioni per ricordarli hanno dato origine sinora a due libri che mi sono particolarmente cari e sono i soli che vorrei mi sopravvivessero: *Italia civile* (1964) e *Maestri e compagni* (1984), un titolo che ho ripreso da una collana che Franco Antonicelli aveva ideata per la casa editrice torinese, Francesco de Silva, che ebbe vita tra il 1943 e il 1949. Un terzo volume di questa serie, che uscirà un giorno o l'altro, comprenderà i miei scritti gobettiani[11].

Concludo questa rassegna senza pretese e volutamente lacunosa, ricordando ancora due scritti estravaganti che stanno, come gli ultimi citati, tra la storia e l'autobiografia: il *Profilo ideologico del Novecento* (1969), che composi per la grande *Storia della letteratura* di Garzanti e del quale è uscita un'edizione riveduta e aumentata di alcuni capitoli in un corso universitario (1972), rimasto praticamente sconosciuto al grande pubblico e oggi in-

[10] Sul tema della guerra e della pace una nuova raccolta di articoli e discorsi è apparsa col titolo *Il Terzo assente. Saggi e discorsi sulla pace e la guerra*, a cura di P. Polito, Sonda, Torino 1989. In occasione della guerra del Golfo, ho pubblicato un libretto, che riunisce vari interventi scritti durante la vicenda con un'ampia introduzione, Marsilio, Venezia 1991.

[11] È poi apparso col titolo *L'Italia fedele. Il mondo di Gobetti*, Passigli, Firenze 1986.

trovabile[12], e *Trent'anni di storia della cultura a Torino (1920-1950)*, pubblicazione fuori commercio a cura della Cassa di Risparmio di Torino.

Dall'indice analitico ho appreso che l'argomento da me piú trattato è stato quello dei rapporti tra politica e cultura o del vario atteggiamento degli intellettuali di fronte al potere. Questo primato deriva in parte dalla mia assidua partecipazione alla vita della Società Europea di Cultura, fondata da Umberto Campagnolo, che aveva posto statutariamente all'ordine del giorno il problema della «politica della cultura», in parte dal fatto che mi son trovato a camminare su una linea di frontiera incerta, mal tracciata e quindi non sempre ben visibile, tra l'obbedienza e la diserzione, una linea che, proprio perché mal tracciata, deve essere continuamente ridisegnata secondo i tempi, le circostanze, le minacce e le blandizie che provengono dalle sedi del potere[13].

La bibliografia primaria, straripante, come si è detto, è completata dalla bibliografia secondaria, vale a dire degli scritti che mi riguardano, molto piú striminzita, com'era prevedibile, nonostante l'abilità con cui scritti anche minuscoli, sfuggenti, nascosti in pubblicazioni di secondo o terz'ordine, sono stati reperiti, potrei dire scovati, dal curatore Bruno Maiorca. In questo ambito non posso tacere il mio debito al giovane studioso spagnolo, Alfonso Ruiz Miguel, che non solo ha raccolto e tradotto con un'ampia introduzione un grande numero di miei scritti tanto da mettere insieme un grosso li-

[12] Quindi pubblicato in volume con aggiunte, Einaudi, Torino 1986; da ultimo, Garzanti, Milano 1990, con l'aggiunta di due capitoli di aggiornamento, che proseguono la narrazione dal 1945 al 1990. Nel 1995 è uscita l'edizione inglese, con una introduzione di Massimo L. Salvadori, Princeton University Press, per iniziativa della Fondazione Giovanni Agnelli.

[13] La maggior parte dei miei scritti sugli intellettuali è stata raccolta, a cura di Franco Sbarberi, nel volume *Il dubbio e la scelta. Intellettuali e potere nella società contemporanea*, La Nuova Italia Scientifica, Roma 1993.

bro di 400 pagine (*Contribución a la teoría del derecho*, 1980), ma ha anche scritto una completa dottissima monografia sulla mia opera, *Filosofía y derecho en Norberto Bobbio*, 1983, da cui viene fuori un personaggio che dovrebbe essermi familiare e invece finisce per mettermi in soggezione tanto è imponente[14].

Termino questa ricapitolazione della mia vita nel ricordo di Gioele Solari che mi avviò nel cammino degli studi sin da quando nel primo anno di università (1927-28) mi guidò in una piccola ricerca sul pensiero politico di Francesco Guicciardini, e poi mi seguí passo passo negli anni successivi dandomi una costante lezione di rigore intellettuale, di dedizione alla scuola, di semplicità di costumi e di libertà nel giudicare uomini e cose[15].

[14] Successivamente, in Italia, E. Lanfranchi, *Un filosofo militante. Politica e cultura nel pensiero di Norberto Bobbio*, Bollati Boringhieri, Torino 1989; aa.vv., «Notiziario» VI, n. 6, novembre 1989, Università degli Studi di Torino (pubblicazione interamente dedicata al mio ottantesimo compleanno); P. Borsellino, *Norberto Bobbio metateorico del diritto*, Giuffrè, Milano 1991; P. Meaglia, *Bobbio e la democrazia. Le regole del gioco*, Edizioni Cultura della Pace, San Domenico di Fiesole 1994; fuori d'Italia, *Norberto Bobbio. Estudios en su Homenaje*, a cura della Universidad de Valparaíso, edizione diretta da Agustín Squella, 1987; Maria Angeles Barrére Unzueta, *La escuela de Bobbio*, Editorial Tecnos, Madrid 1990; P. Anderson, *The Affinities of Norberto Bobbio* in *A Zone of Engagement*, Verso, London - New York 1992, trad. it., *Al fuoco dell'impegno*, il Saggiatore, Milano 1995; aa.vv., *La figura y el pensamiento de Norberto Bobbio*, Boletin Official del Estado, Madrid 1994; J.A. de Oliveira Junior, *Bobbio e a filosofia dos Juristas*, Sergio Antonio Fabris Editor, Porto Alegre 1994.

[15] Il mio primo pubblico ringraziamento, unito a un sentimento di ammirazione per l'abnegazione di cui hanno dato prova nonché a un certo senso di colpa per l'immane lavoro cui si sono disinteressatamente sottoposti, è rivolto ai due curatori, Carlo Violi e Bruno Maiorca. Sono particolarmente sensibile alla prova di amicizia che mi ha dato nel prendere l'iniziativa di questa pubblicazione la mia Facoltà, la Facoltà di Scienze Politiche della Università di Torino, che ringrazio nella persona del preside, Gian Mario Bravo, e del direttore dell'Istituto di Scienze Politiche «Gioele Solari», Filippo Barbano. Sono pure grato al Centro studi di scienza politica «Paolo Farneti» per il contributo non soltanto organizzativo alla pubblicazione del volume. Non ignoro le grevi lunghe ore che Luigi Bonanate, direttore del Centro predetto, e Michelangelo Bovero, mio successore alla cattedra di Filosofia politica, entrambi miei allievi dell'ultima generazione, hanno consumato nella correzione di bozze e nella redazione dell'indice analitico: li ringrazio sinceramente insieme con Piero Meaglia che ha redatto l'indice dei nomi.

4.
Congedo

Credetemi, il piú preoccupato in questo momento sono io. Vivo da due giorni in quest'atmosfera di discorsi in cui ho sentito risuonare il mio nome cento volte al giorno. E poi, anche se riesco a dominarmi, sono un ansioso. In una recente intervista pubblicata sull'«Europeo», l'intervistatore mi domandò alla fine: «Lei è proprio come appare: un uomo che domina le proprie passioni?» Risposi: «Proprio no: sono un inquieto, un insicuro, un ansioso». E aggiunsi: «Molto diverso da quello che appaio. Come tutti, del resto».

Mi è tornata spesso alla mente in questi giorni la prima volta che assistetti a una manifestazione come la presente. Molti molti anni fa, doveva essere attorno al 1930 o al 1931. Ero ancora studente. Si onorava un nostro maestro della Facoltà giuridica torinese, Gino Segré, professore di diritto romano: la cerimonia si svolgeva nella vecchia aula magna del palazzo di via Po. Ricordo benissimo che l'oratore ufficiale era un grande romanista, e anche uomo politico di prestigio, ministro degli Esteri nei due governi Nitti, Vittorio Scialoja. Altri oratori, Emilio Betti, anche lui romanista di fama, e l'ultimo allievo di Segré, Giuseppe Grosso, giovanissimo allora, ma già in cattedra, che fu poi per tanti anni il mio preside nella Facoltà giuridica, oltre che amico carissimo. Il festeggiato, che allora mi pareva molto vecchio, eppure non era cosí vecchio come sono io oggi, era pallidissimo. Ascoltando in silenzio tradiva una forte emozione. Quando dovette prendere la parola per concludere la cerimonia, lo vedo ancora davanti a me come fosse accaduto ieri, pareva intimidito, e imbarazzato. Non diversamente da quel che sono io in questo momento.

Credo sia inutile dire che sono grato a tutti coloro che hanno accettato l'invito a partecipare al convegno e a tenere una relazione. Non chiedetemi di dare su di esse un giudizio. Non sarei in grado di farlo cosí a ridosso dell'evento e non sarebbe neppure opportuno. Posso dire, questo sí, che tutte le relazioni sono state, e saranno ancora piú in avvenire quando potrò rileggerle con calma, importanti per me, perché rappresentano una specie di ripasso generale della mia attività di studio, specie negli ultimi anni, e un'occasione straordinaria per un bilancio.

Dico subito che non mi lascio sedurre dal ronzio che ho sentito in questi giorni attorno al mio nome. Come ho detto nella prefazione alla bibliografia dei miei scritti[1], non mi sono preso mai troppo sul serio. Una delle ragioni per cui non mi sono mai preso troppo sul serio sta nel fatto che ho cercato di prendere sul serio gli altri, soprattutto i giovani. Coi quali ho cercato, quando ho potuto, il dialogo. Dico «quando ho potuto», perché vi sono stati anni in cui non è stato facile. Ma se talora il dialogo è stato interrotto, non è sempre stato per colpa mia. E se è stato per colpa mia, riconosco i miei scatti, le mie impazienze, le mie impennate, e me ne scuso. Credo tuttavia di potermi considerare, senza troppe forzature, un uomo del dialogo.

Non mi sono mai preso troppo sul serio soprattutto perché ho sempre tenuto presente, come ho già detto al-

[1] Ora in questo volume, con il titolo *Per una bibliografia* alle pp. 81 sgg.

tre volte, la «lezione dei classici». Il confrontarmi coi classici mi ha servito a non salire in cattedra, a non montare sul piedestallo, a non cadere nel vizio, che vedo troppo spesso diffuso nelle persone della mia età, della vanità.

Il mio rispetto dei classici è arrivato al punto da non aver mai osato, per riprendere la nota immagine, mettermi sulle loro spalle, nano sulle spalle dei giganti, ma piú alto unicamente perché accovacciato sulle loro spalle. Ho sempre avuto la sensazione che, se l'avessi fatto, uno di loro avrebbe avuto il diritto di dirmi, un po' seccato: «Fammi il piacere, scendi e prendi il tuo posto che è ai miei piedi». Mi soccorre se mai un'altra metafora, suscitata in me dalla passione per le tante gite in montagna fatte in compagnia di mia moglie, prima coi miei figli e ora coi miei nipotini: quella del bambino nel sacco dietro la schiena. L'adulto va avanti e segna la strada. La fatica della salita è tutta sua. Il bambino nel sacco si fa portare, e talora può anche addormentarsi e arriva egualmente alla meta.

Dopo queste battute introduttive non aspettatevi da me un esame punto per punto delle relazioni[2]. L'am-

[2] Do l'elenco delle relazioni presentate al convegno «Per una teoria generale della politica», svoltosi a Torino dal 18 al 20 ottobre 1984, in occasione del mio 75° compleanno: Luigi Bonanate, *Un labirinto in forma di cerchi concentrici, ovvero guerra e pace nel pensiero di Norberto Bobbio*; Pietro Rossi, *Max Weber e la teoria della politica*; Claudio Cesa, *La lezione politica di Hegel*; Umberto Cerroni, *Società e stato*; Eugenio Garin, *Politica e cultura*; Remo Bodei, *Riforme e rivoluzione*; Nicola Matteucci, *Democrazia e autocrazia nel pensiero di Norberto Bobbio*; Salvatore Veca, *Socialismo e liberalismo*; Gianfranco Pasquino, *«Crisi permanente» e sistema politico: una ricostruzione del pensiero politologico di Norberto Bobbio*; Michelangelo Bovero, *Antichi e moderni. Norberto Bobbio e la «lezione dei classici»*; Luigi Firpo, *La formazione dello stato moderno*; Alessandro Pizzorno, *Pluralismo e movimenti di libertà* (i discorsi di Firpo e Pizzorno non sono compresi negli atti del convegno). Cfr. il volume *Per una teoria generale della politica. Scritti dedicati a Norberto Bobbio*, a cura di L. Bonanate e M. Bovero, Passigli, Firenze 1986. Ivi, il mio *Congedo* si trova alle pp. 241-53.

piezza e la varietà dei contributi sono tali che sarebbe da parte mia un atto di presunzione il commentarli senza averli potuti esaminare a fondo. Ma non mi pare fuori luogo questa osservazione marginale. Mi sono state rivolte, com'era naturale, anche alcune critiche. Mi fa piacere che le critiche piú pertinenti mi siano state rivolte dai due miei ultimi allievi, che sono oltretutto gli organizzatori del convegno, Luigi Bonanate e Michelangelo Bovero. Le critiche fanno sempre riflettere. Soprattutto quelle che vengono da coloro che ti stanno piú vicini.

Il tema su cui ho pensato di soffermarmi in queste osservazioni conclusive è piú generale e riguarda lo scopo stesso del convegno, il quale si è proposto non tanto di mettere in discussione alcune mie singole idee quanto di ridefinire e circoscrivere le aree da me esplorate o lambite. Sono state prese in considerazione tre aree, come sanno coloro che hanno seguito i lavori del convegno: «I classici», con ciò intendendo i grandi scrittori di cui mi sono preferibilmente occupato; «Temi ricorrenti», con riferimenti ai temi che piú frequentemente ricorrono nei miei lavori; «Problemi del presente», con riguardo ai problemi di attualità nelle cui discussioni sono piú frequentemente intervenuto.

Comincio dall'ultima area. Sono entrato nel dibattito politico di attualità, in particolar modo, due volte. Nonostante l'attrazione per la cultura militante e per la «filosofia militante» (l'espressione, che risale a Cattaneo, è stata usata come sottotitolo della raccolta dei miei saggi sul grande scrittore lombardo), la maggior parte dei miei scritti appartengono alla cultura accademica. La prima volta, nella prima metà degli anni Cinquanta, sul tema dei rapporti fra politica e cultura: il tema cui è stata rivolta la relazione di Eugenio Garin. La seconda volta, negli anni Settanta, e dunque con un intervallo di quasi vent'anni nel dibattito su democrazia e socialismo e sulla presenza o meno di una teoria dello Stato in Marx. Vi si sono riferiti Gianfranco Pasquino, Salvatore Veca e in parte Pizzorno, la cui relazione peraltro copre anche il tema precedente. Veca ha cominciato la sua relazione dicendo che gran parte dei miei scritti politici potrebbero essere iscritti sotto l'insegna del «quale». Quale socialismo? Quale democrazia? Quale libertà, quale eguaglianza? Mi viene fatto di pensare che questa trovata potrebbe essere un bel titolo, scherzoso ma non troppo, per lo stesso convegno: quale Bobbio? In questi ultimi anni però il tema che piú mi ha assillato è quello della pace e della guerra, sul quale avete ascoltato la relazione di Bonanate.

Per quel che riguarda la prima area, quella dei classici, è chiaro che non si poteva fare che una scelta. Del resto, quando il programma del convegno fu preparato, non avevo ancora scritto, e quindi nessuno poteva conoscere, le pagine della prefazione della bibliografia, in cui parlo dei miei autori[3]. Ero incerto se aggiungere tra i classici Marx: ma, a parte il fatto che avrebbe distrutto la bella simmetria (un sesto fra i contemporanei non sarei proprio riuscito a trovarlo), non mi considero un marxologo. Ho letto e riletto molte opere di Marx, specie quelle storiche e quelle filosofiche, ma non ho studiato Marx come gli altri autori elencati. Da questo elenco il convegno ne ha scelti due, e la scelta non poteva essere piú pertinente: Hegel per opera di Claudio Cesa, Weber per opera di Pietro Rossi. Il tema generale circa il mio modo d'intendere che cosa è classico, con osservazioni critiche di cui dovrò tener conto, è stato trattato da Michelangelo Bovero. La relazione di Luigi Firpo che ha introdotto il

[3] In questo stesso volume alle pp. 85-87.

convegno è stata veramente introduttiva anche *ratione materiae*, avendo svolto con nuova documentazione il tema dell'origine del nome «Stato».

Accanto agli scrittori politici classici, i temi classici della politica, che hanno costituito la parte del convegno intitolata intenzionalmente, ricalcando un mio modo di dire abituale, «Temi ricorrenti». I quali sono poi i temi tradizionali trattati dalla filosofia politica, almeno a partire dalla *Politica* di Aristotele. Ovvero: il problema del rapporto fra società e Stato, che è il tema del primo libro, e ha costituito l'oggetto della relazione di Umberto Cerroni; il problema delle forme di governo, tema dei libri terzo e quarto, di cui si è occupato Nicola Matteucci, nella relazione su *Democrazia e autocrazia*; il problema dei «mutamenti», ovvero del passaggio da una forma di governo a un'altra, che è il classico tema del libro quinto, affrontato da Remo Bodei nella relazione su *Riforme e rivoluzione*.

Se posso permettermi di segnalare una lacuna, questa riguarda il problema delle istituzioni, o piú precisamente l'aspetto giuridico dei problemi politici che sono stati oggetto delle varie relazioni. Ma si capisce: il convegno promosso dalla Facoltà di Scienze Politiche si allarga verso i temi da me trattati negli studi e nell'insegnamento della filosofia politica nell'ultima parte della mia vita, cioè dal 1972. Non posso però dimenticare di aver passato gran parte della mia vita di docente nelle Facoltà giuridiche. Per l'esattezza, e ancora una volta per soddisfare quello che ho chiamato paretianamente il mio «istinto delle combinazioni», ai miei dodici anni torinesi trascorsi nell'insegnamento della filosofia politica corrispondono i ventiquattro dell'insegnamento di filosofia del diritto, preceduti dai dodici passati in Università diverse da quella torinese.

Non posso dimenticare di aver dedicato alcuni dei miei ultimi studi al problema del rapporto fra potere e diritto, un tema che ho considerato come la conclusione di questa duplice esperienza, di cultore sia della filosofia del diritto sia della filosofia politica, di studi di teoria politica che s'innestano su precedenti studi di teoria del diritto. Probabilmente è mancata una relazione affidata a un giurista. Ma nelle Facoltà di Scienze Politiche i rapporti tra giuristi e cultori di discipline politiche sono, come tutti sappiamo, piuttosto difficili.

Per esprimere brevemente il mio pensiero su un tema, che richiederebbe ben altro spazio, con una metafora che mi è cara (e qualcuno lo ha già notato), considero diritto e potere come due facce della stessa medaglia, tanto che al vertice o alla fonte è impossibile distinguerli[4]. Mi è accaduto di dire una volta, e poi di ripetere anche recentemente, che all'origine, «lex et potestas convertuntur». Se ci si mette dal punto di vista del diritto, come ha fatto Kelsen con la sua teoria normativa, al vertice si trova e non si può non trovare la norma delle norme, ovvero la norma fondamentale; se ci si mette dal punto di vista del potere, al vertice si trova, come ha trovato la teoria politica dello Stato moderno, il potere dei poteri, ovvero il potere fondamentale o sovrano. Come la norma fondamentale è la norma che sta a fondamento di tutte le altre norme e al di sopra della quale non vi è altra norma, cosí il potere sovrano è il potere che sta a fondamento di tutti gli altri poteri e al di sopra del quale non esiste altro potere superiore. Lo stesso ordinamento, considerato come un ordine gerarchico di

[4] Cfr., in questo volume, il capitolo 9, *Diritto e potere*, pp. 155-62, e nel capitolo 10, *Un bilancio*, le pp. 170-72.

norme, postula la norma fondamentale; considerato come un ordine gerarchico di poteri, postula il potere sovrano. Il contrasto fra normativismo e decisionismo, di cui si è tornati a parlare in questi ultimi anni, anche in Italia, o forse soprattutto in Italia, riproduce il contrasto fra questi due diversi modi di guardare a un ordinamento, allo stesso ordinamento, che è fatto di poteri che creano norme e di norme che alla loro volta creano poteri in un concatenamento il cui primo anello può essere rappresentato indifferentemente, secondo la diversa prospettiva dalla quale si guarda all'ordinamento nel suo complesso, tanto dalla norma delle norme quanto dal potere dei poteri. Per quel che riguarda la diversità delle prospettive, essa deriva da scelte ideologiche o metodologiche sulle quali una teoria generale ha ben poco da dire.

Il convegno è stato intitolato un po' ambiziosamente *Per una teoria generale della politica*, con un titolo che indica una serie di buoni propositi piú che una corposa realtà. Dopo essermi occupato per anni di teoria generale del diritto, ho ritenuto che fosse venuto il momento per affrontare il problema di una teoria generale della politica, molto piú arretrata rispetto alla prima. Ma nonostante le benevole considerazioni svolte da un relatore, sono rimasto fermo al frammento rispetto alle parti, all'abbozzo rispetto all'intero. Forme diverse di questo abbozzo, in diversi gradi di elaborazione, si trovano nella voce *Politica* del *Dizionario di politica*[5], in una *Introduzione alla politica*, che ho scritta alcuni anni fa per un volume collettaneo, promosso dal Centro italiano scienze sociali, che, nonostante la fretta con cui ero stato co-

[5] *Dizionario di politica*, diretto da Norberto Bobbio e Nicola Matteucci, Utet, Torino 1976; 2a ed., riveduta e ampliata, 1983, della quale è condirettore Gianfranco Pasquino.

stretto a scrivere il mio contributo, non è mai uscito[6], e infine nella voce *Stato* della *Enciclopedia Einaudi*[7]. Nel primo di questi scritti ho accolto e ricostruito la teoria delle tre forme di potere, il potere economico, il potere ideologico e il potere politico; nel secondo, ho distinto la politica rispettivamente dalla società, dal diritto e dalla morale; nel terzo infine, notevolmente piú ampio, ho ripreso e allargato i temi delle prime due.

Solo in questi ultimi anni si è venuto affacciando un problema terminologico che era sconosciuto ai nostri predecessori: teoria generale *della politica* o *del politico*? Tralascio l'ulteriore distinzione, difficilmente traducibile nella nostra lingua, tra *politics* e *policy*, cioè tra *la* politica in generale come attività rivolta in senso lato all'interesse generale, e *le* politiche, proposte e deliberate di volta in volta dai gruppi che svolgono un'attività politica. Sino a pochi anni fa l'uso di «politico» come sostantivo era pressoché sconosciuto. Credo sia stato, se non introdotto, divulgato dalla maggior conoscenza dell'opera di Carl Schmitt e dalla traduzione, che risale al 1972, del celebre saggio *Der Begriff des Politischen*. Per mettere in rilievo il diverso significato che hanno assunto le due parole «politica» e «politico» (usato come sostantivo), richiamo la vostra attenzione sul significato completamente nuovo che ha assunto l'espressione recente «autonomia del politico» rispetto all'espressione tradizionale «autonomia della politica». Con quest'ultima ci si riferiva al problema, diciamo cosí machiavellia-

[6] Poi uscito col titolo *La politica*, in *La società contemporanea*, diretta da V. Castronovo e L. Gallino, volume primo, *L'ambiente, l'economia e la politica*, Utet, Torino 1987, pp. 567-87.

[7] Ora in N. Bobbio, *Stato, governo e società. Per una teoria generale della politica*, Einaudi, Torino 1985, pp. 43-125. Nella seconda edizione, apparsa a distanza di dieci anni nella collana «Einaudi Tascabili. Saggi», il volume reca un nuovo sottotitolo: *Frammenti di un dizionario politico*.

no, della distinzione fra la politica e la morale. Che la politica fosse, o dovesse essere, autonoma, voleva dire che chi svolge attività politica ubbidisce a norme di condotta diverse da quelle della morale, che rendono lecite azioni dalla morale proibite, o viceversa. Quando si è cominciato a parlare di «autonomia del politico» si è voluto indicare il problema del tutto diverso dell'autonomia del potere politico rispetto al potere economico, proposto soprattutto nell'ambito del marxismo da chi ha cominciato a rendersi conto che il rapporto fra la struttura sociale (i rapporti di classe) e la base economica (la forma di produzione), da un lato, e la sovrastruttura politica, dall'altro, non è cosí stretto come sosteneva il marxismo volgare. A ogni modo la confusione rimane e non mi pare che sinora siano stati fatti molti sforzi per eliminarla.

Mi limito a dire che l'avere a disposizione due termini, invece dell'unico tradizionale, può essere di qualche utilità perché «politica» ha sempre avuto due significati, designando tanto la scienza politica, come quando si parla della politica di Aristotele o di Bodin, quanto l'attività politica, come quando si parla della politica di Cavour o di Bismarck. Può darsi che si vada diffondendo l'uso di riservare il termine «politica» alla scienza, e di «politico» all'attività. Ma se cosí fosse bisognerebbe sostituire all'espressione «teoria generale della politica» quest'altra, «teoria generale del politico». Piú importante, sempre dal punto di vista terminologico, osservare che, se è vero che non c'è stata una teoria generale della politica, c'è stata, e come!, una teoria generale dello Stato (l'*allgemeine Staatslehre* dei giuristi tedeschi). Eppure oggi ci rendiamo conto che la tradizionale teoria generale dello Stato non potrebbe coprire il campo che dovrebbe essere ricoperto dalla teoria generale della politica. Come mai? La risposta non è tanto difficile: oggi il campo della politica è ben piú vasto di quello tradizionale dello Stato. Negli scrittori politici classici, dall'antichità all'età moderna, Stato (o governo) e politica sono sempre stati due concetti di eguale estensione, dalla *Politica* di Aristotele alla *Politica* di Treitschke. La maggior parte degli autori che si sono occupati di politica hanno sempre tenuto poco conto della realtà sottostante allo Stato, precedente allo Stato, di quella che oggi si chiama, se pure con un abuso terminologico, «società civile», cioè delle società parziali, degli enti intermedi, ad eccezione della famiglia. Aristotele relega il tema delle società parziali in un capitolo dell'*Etica nicomachea* (non della *Politica*), dedicato al tema dell'amicizia. Per citare uno dei miei autori, Hobbes, un capitolo del *Leviatano*, il XXI, è dedicato alle società parziali, le quali però vengono considerate come una parte del tutto. Soltanto dalla fine del Settecento, è avvenuto nella teoria (dopo che era avvenuto nella pratica) quel fenomeno che siamo ormai abituati a chiamare l'emancipazione della società dallo Stato, specie per opera dei primi economisti, intesa appunto l'economia come una scienza della società distinta dalla scienza dello Stato, come una forma di conoscenza di tutte le attività che l'uomo svolge al di fuori dello Stato, indipendentemente dallo Stato, in una parola, della sfera privata contrapposta alla sfera pubblica. È dalla società civile in via di emancipazione che sono venute le richieste di quei diritti di riunione e di associazione che hanno permesso la partecipazione alla vita politica di strati sempre piú larghi di individui, prima esclusi dalle decisioni collettive. Oggi in una democrazia caratterizzata dal suffragio universale e dalla esistenza di associazioni, come i partiti, che fanno da tramite tra i singoli individui e il tradizionale apparato statale, l'attività propriamente politica comincia a svolgersi nella società prima di arrivare alle sedi dove tradizionalmente ed esclusivamente venivano prese le decisioni politiche. In una democrazia pluralistica, l'attività politica non può essere tutta quanta risolta nell'attività dello Stato, quale veniva tradizionalmente esposta nella dottrina dei tre poteri, il legislativo, il giudiziario e l'esecutivo. Di qua la ragione per cui una teoria generale della politica deve occuparsi di tanti temi di cui non si è mai occupata, non avendo ragione di occuparsene, la teoria generale dello Stato. Insomma, rispetto alla tradizionale dottrina dello Stato, la teoria generale della politica è un campo molto piú vasto, i cui confini non sono ancora stati stabiliti con precisione.

L'ora è tarda. È tempo di arrivare alla conclusione. Ieri, quando uno degli oratori ha terminato il suo intervento con un richiamo al pessimismo dell'intelligenza e all'ottimismo della volontà, l'ho interrotto e ho esclamato con impeto: «Se dovessi definire me stesso, preferirei dire che al pessimismo dell'intelligenza si è accompagnato in me sempre un certo pessimismo anche della volontà». Ma preferisco ora presentarmi con parole non mie, con le parole di uno scrittore che mi è caro, Romain Rolland, che ebbe il coraggio di dire, durante la prima guerra mondiale, che si poneva «al di sopra della mischia». Sono parole che si leggono in una lettera del novembre 1914 a un amico, pubblicata per la prima volta in un vecchio numero di «Comprendre» del 1951, la rivista della Società Europea di Cultura: «Non sono un uomo di azione, non ero fatto per l'azione. Sono un contemplativo che ama vedere, comprendere, cercare il ritmo e le armonie nascoste. Pur tuttavia, la stessa sincerità di una visione indipendente e un istinto di giustizia mi hanno, due o tre volte nella mia vita, costretto a prendere partito nell'azione contro la tirannia insolente di un'opinione pubblica oppressiva e degradante»[8]. Nel suo discorso Garin ha citato piú volte un altro autore che appartiene alla schiera dei miei maestri di saggezza, Julien Benda, e ha accennato brevemente al famoso aneddoto raccontato da Tolstoj, che in una marcia militare apostrofa un sergente che maltratta un soldato con un «Non conosce il Vangelo?» e il sergente gli risponde: «E lei non conosce il regolamento militare?» Benda commenta l'aneddoto con le seguenti parole: «Questa risposta è quella che sempre si attirerà l'uomo spirituale che vuole reagire all'uomo temporale. E mi pare molto saggia: coloro che guidano gli uomini alla conquista del mondo non sanno che farsene della giustizia e della carità». Senza pensarci ho inconsciamente fatto rivivere lo spirito di questo brano nelle ultime parole della prefazione al mio libro, *Maestri e compagni*, in cui ho dato testimonianza di uomini che avevano rappresentato non solo un'altra Italia ma anche un'altra Storia: «una Storia – ho detto – che sinora non ha mai avuto piena attuazione, se non in rarissimi momenti tanto felici quanto di breve durata. Del cui avvento, pur dopo due lunghe guerre mondiali, che alla loro fine avevano acceso tante speranze, non riesco a cogliere nel prossimo futuro alcun visibile segno»[9].

Uno degli intervistatori di ieri mi ha chiesto alla fine: «In che cosa spera, professore?» Gli ho risposto: «Non ho nessuna speranza. In quanto laico, vivo in un mondo cui è sconosciuta la dimensione della speranza». Preciso: la speranza è una virtú teologica. Quando Kant afferma che uno dei tre grandi problemi della filosofia è «che co-

[8] Estratta da un *Journal inédit* di Romain Rolland, in «Comprendre», 3, 1951, p. 60.
[9] N. Bobbio, *Maestri e compagni*, Passigli, Firenze 1984, p. 8.

sa debbo sperare», si riferisce con questa domanda al problema religioso. Le virtú del laico sono altre: il rigore critico, il dubbio metodico, la moderazione, il non prevaricare, la tolleranza, il rispetto delle idee altrui, virtú mondane e civili.

5.

Politica della cultura

Nel libro *Politica e cultura* che è del 1955, in cui ho raccolto, fra l'altro, alcuni dei miei interventi sulla rivista «Comprendre», il primo articolo è intitolato *Invito al colloquio*, apparso nel terzo fascicolo della nostra rivista nel 1951. Nella prefazione scrissi che dovevo gran parte degli stimoli da cui era nato il libro all'amicizia con Umberto Campagnolo. Anche in un libro recente, nel quale un giovane amico ha raccolto una serie di miei scritti sul problema della pace e della guerra, torno a dire che una delle ispirazioni a scrivere questi saggi mi era venuta da lui. E ancora una volta ho parlato di «pace che non abbia la guerra come alternativa» che è stata la sua «utopia concreta».

Guardo a me stesso con sempre maggiore distacco, e anche con un certo sospetto. Arrivati a una certa età il tempo che rimane per cercare di capire, di «comprendere», è sempre piú breve. Sembra quasi che tutto quello che abbiamo fatto negli anni precedenti per cercare di capire, sia stato in realtà in gran parte inutile. Anche per quel che riguarda la Società europea di cultura, se ho un titolo per ricevere dei riconoscimenti è soprattutto nell'essere – lo dico senza vera né falsa modestia – uno degli ultimi superstiti di coloro che hanno contribuito nel 1950 a fondarla. Ma la lunga vita non è un merito: è un fatto. Non dipende dalla nostra volontà: provvidenza? destino? Inutile cercare la risposta. I greci dicevano che le cose si distinguono secondo che siano per natura o per convenzione. L'età è per natura e le cose per natura sono appunto quelle che non dipendono da noi. Ricordo anche la altrettanto famosa distinzione di Machiavelli: virtú e fortuna. La vecchiaia è una fortuna, non è una virtú, anche se può essere una virtú il cercare di far tesoro quanto è meglio possibile della fortuna. Ma io non so se in questa impresa sia riuscito bene o male.

Ho partecipato alla sessione costituente della nostra Società nel 1950[1] e andandomi a vedere l'elenco dei primi soci m'è parso di essere uno degli ultimi sopravvissuti. Per darvi un'idea di quello che è stato l'inizio prestigioso della nostra Società, andando a scorrere i nomi dei fondadori, vi ho trovato, tra molti altri, Urs von Balthazar, il grande scienziato sir Haldane, il nostro Antonio Banfi, lo storico Henri Lefebvre, André Siegfried, il poeta inglese Stephen Spender.

La Società era nata per opporre una resistenza morale alla guerra fredda che stava prolungando la guerra reale da cui l'Europa era stata dilaniata per anni. Parlare di una «politica della cultura» significava per noi che gli uomini di cultura non riconoscevano la divisione dell'Europa in due parti contrapposte, separate da quella che allora si chiamava la "cortina di ferro". La politica della cultura aveva già allora abbattuto, perlomeno idealmente, il futuro Muro di Berlino. La nostra Europa non era l'Europa dell'Ovest o quella dell'Est. Era l'Europa della cultura europea che non conosceva confini nazionali.

L'Europa della cultura era sopravvissuta grazie ad al-

[1] Si vedano: *Una politica per la pace. Società Europea di Cultura 1950/1980 - Une politique pour la paix. Societé Européenne de Culture 1950/1980*, Marsilio, Venezia 1980 e *Umberto Campagnolo e la Società Europea di Cultura*, a cura della Biblioteca Comunale di Este e della Società di Gabinetto di Lettura, Este 1986.

cuni grandi scrittori di cui voglio ricordare almeno questi tre. Il primo è Julien Benda che nel 1933, l'anno dell'avvento di Hitler al potere, pubblicava il *Discours à la nation européenne*, in cui sosteneva che la crisi dell'Europa era nata con la divisione in tante patrie diverse in lotta fra loro per l'egemonia non solo economica ma culturale. Il secondo è Thomas Mann che, esule negli Stati Uniti, aveva lanciato quasi giornalmente dalla radio durante la guerra i suoi *Moniti all'Europa* che, raccolti dopo la guerra in volume, sono fra le pagine piú nobili e veementi scritte per denunciare la barbarie nazista. Il terzo è Benedetto Croce che nel 1932, nell'anno in cui il fascismo celebrava il suo decennale, pubblicò la *Storia d'Europa nel secolo* XIX, che cominciava esaltando la "religione della libertà" con cui il secolo era cominciato.

È stato ricordato che due anni dopo la fondazione nel 1953, per invito o per amichevole imposizione di Campagnolo, organizzai a Torino, presso la mia Università, una delle periodiche riunioni del nostro consiglio esecutivo. Nel discorso introduttivo richiamai l'attenzione degli ospiti su una lapide che non può sfuggire alla vista di chi entra nel grande palazzo storico dell'Università: la lapide ricorda che a Torino ebbe nel 1506 la laurea in teologia Erasmo da Rotterdam. Dissi che se noi avessimo dovuto scegliere un patrono non avremmo potuto sceglierne uno piú esemplare di Erasmo, che negli anni delle guerre di religione, che avevano insanguinato l'Europa, aveva affermato la necessità di non lasciar cadere il dialogo fra le parti contrapposte[2].

[2] Un tema, sviluppato molti anni dopo nell'*Omaggio a Erasmo*, pronunciato il 29 marzo 1996 nell'Aula Magna dell'Università, in occasione dello svolgimento a Torino della Conferenza intergovernativa dell'Unione europea, pubblicato in «Il Foglio». Mensile di cristiani torinesi, a. XXVI, n. 6, luglio 1996, pp. 1-2.

In quel convegno torinese era presente il presidente della Società, rettore dell'Università di Ginevra, Antony Babel. C'erano anche l'altro amico svizzero, l'italianista Henri de Ziegler, il noto italianista della Sorbona, il professor Henri Bedarida, il poeta francese Jean Amrouche, lo scrittore inglese Bernard Wall e i due coniugi Cecil e Silvya Sprigge, ben noti in Italia dove erano stati giornalisti per molti anni. Fra gli italiani c'era il nostro comune amico Umberto Morra che abbiamo recentemente commemorato nella sua Cortona. Desidero ricordare in modo particolare la nobile figura del poeta catalano Josep Carner, che viveva in esilio in Belgio dopo la guerra civile di Spagna. Mi piace anche ricordare il filosofo Jean Wahl, che fu uno dei piú assidui frequentatori della Società, allora molto noto in Europa per aver pubblicato le famose *Etudes kierkegaardiennes* nel momento in cui iniziava la rapida diffusione dell'esitenzialismo. E ancora, il domenicano Leo Van Breda, studioso del favoloso archivio husserliano di cui era il custode, per non parlare poi di Sartre e di Merleau Ponty, che erano venuti a Venezia per un incontro con gli scrittori sovietici, promosso nello spirito del dialogo che ci animava.

Per terminare questa mia breve testimonianza sui primi anni della nostra Società che pochi hanno vissuto intensamente come me, ricordo un curioso testo inedito che ho ritrovato in questi giorni. Si tratta di un intervento preparatorio per la nostra V Assemblea, al quale avevo messo il titolo, *Quale funzione ha avuto per me la SEC*[3]. Questo intervento non fu mai letto in pubblico, ed è rimasto quindi manoscritto nel mio cassetto, per-

[3] Il testo integrale si trova in aa.vv., *La Sociéte Européenne de Culture e l'Enciclopedia Italiana. A Norberto Bobbio per il 18 ottobre 1989*, Istituto dell'Enciclopedia Italiana, Roma 1989, pp. 23-25.

ché, quando si svolse l'Assemblea a Bruxelles nell'ottobre 1955, io ero in viaggio verso la Cina con la prima delegazione di intellettuali italiani che il nostro governo aveva colà inviato.

All'inizio del manoscritto si legge: «Primo. La SEC mi ha reso consapevole che esiste un problema degli intellettuali distinto dal problema politico; secondo, che questo problema è esso stesso un problema politico».

Dicevo: «La cultura rappresenta tutto ciò che esprime al massimo grado le facoltà creatrici dell'uomo». Era la definizione, del resto, che ne aveva dato lo stesso Campagnolo. Prendevo posizione nei confronti dei due estremi della cultura disimpegnata e della cultura troppo impegnata, delle due figure opposte di colui che si chiude nella torre d'avorio e dell'intellettuale organico al servizio dello Stato totale. Continuavo: ci siamo trovati di fronte al grande problema del nostro tempo: la divisione del mondo in due blocchi contrapposti. La SEC non ha riconosciuto questa divisione. I suoi membri hanno manifestato la volontà di non sottostare né all'uno né all'altro, in favore dell'atteggiamento che noi stessi abbiamo definito «e di qua e di là». Terminavo dicendo che questo rifiuto corrisponde all'ispirazione fondamentale della SEC, secondo cui la politica ordinaria e la politica della cultura debbano essere continuamente distinte, un altro modo di affermare che si deve dare a Cesare quello che è di Cesare e a Dio quello che è di Dio. Non si tratta di fare la sintesi degli opposti, ma di oltrepassarli. Non si tratta di conciliare a un livello superiore quello che vi è di buono da una parte e quello che vi è di buono dall'altra, che è l'illusione della Terza forza. La SEC non rappresenta una terza forza. Essa contrappone la ragione dello Stato alla ragione della coscienza. E quindi non è né prima, né seconda, né terza forza, perché non è una forza. Se si vuole è una forza non politica, è una forza morale. Non insisterei sull'efficacia di questa forza, dicevo ancora, perché non abbiamo un metro sicuro per misurarla. Non si misura con le elezioni perché non siamo un partito politico. Possiamo dire tutt'al piú che vi sono periodi in cui la storia dello Stato procede di pari passo con la storia della cultura e altri in cui cultura e Stato sono profondamente divergenti. Dipende dalle circostanze storiche. Io credo che noi stiamo vivendo uno di questi secondi momenti. Perciò a maggior ragione è assurdo porsi il problema dell'efficacia immediata della «politica della cultura». Il problema è, se mai, quello di non rassegnarsi e di continuare.

Non mi ricordavo di quello che avevo scritto molti anni fa, ma recentemente, concludendo il *Profilo ideologico del Novecento* nella nuova edizione in cui l'ho prolungato fino ai nostri giorni[4], ho avuto occasione di ripetere ancora una volta che la storia delle idee e la storia politica non corrono parallele. Ci sono momenti in cui le idee precedono, e altri in cui seguono. Per usare due celebri metafore hegeliane, qualche volta la filosofia è come il canto del gallo che annuncia l'aurora, come negli anni che prepararono la rivoluzione francese, e qualche volta, in un'età di restaurazione, è la nottola di Minerva che viene al crepuscolo.

[4] Mi riferisco all'edizione accolta nella nuova edizione accresciuta e aggiornata della *Storia della letteratura italiana*, diretta da Emilio Cecchi e Natalino Sapegno, *Il Novecento*, tomo primo, Garzanti, Milano 1987. Il riferimento si trova a p. 176.

6.

Le riflessioni di un ottuagenario

Gli elogi mi onorano, mi lusingano, ma nello stesso tempo mi mettono sempre un po' a disagio. Ho l'abitudine o la tentazione di vedere sempre il lato oscuro delle cose, e anche di me stesso. Detto brevemente, sono stato in tutta la mia vita inseguito o addirittura perseguitato dal dubbio di non essere stato all'altezza del compito o meglio dei compiti. Due compiti difficilissimi: insegnare e scrivere. Non parlo del «mestiere di vivere», ancora piú difficile.

Ho cominciato a frequentare l'Università, e in particolare questa Università, nel 1927, dunque piú di sessant'anni fa. Non so quanti in questa sala ricordino che questa era un'aula di lezione, dove tenevano i loro corsi i professori piú importanti, o che si credevano piú importanti. Tra questi Vittorio Cian, di letteratura italiana. L'aula magna era in basso. Nel cortile sottostante feci il mio primo discorsetto in pubblico, come rappresentante degli allievi, alla cerimonia funebre in occasione della morte del professor Vidari, nel 1934. I miei ricordi piú vivi sono quelli degli anni passati tra le mura del vecchio Palazzo Campana, dove cominciai il mio insegnamento torinese alla fine del 1948. Aule sorde e grigie. Ma erano anche gli anni del rinnovamento del paese, e, per quel che mi riguarda, l'inizio degli anni della maturità (presunta naturalmente). I miei corsi piú noti, tranne uno, li ho svolti a Palazzo Campana. Dove è scoppiata, letteralmente scoppiata, perché noi professori non l'avevamo assolutamente prevista, la contestazione studentesca del sessantotto, che è subito passata alla storia col nome d'occupazione di Palazzo Campana. Fu l'ultimo momento di celebrità del vecchio palazzo. Ricordo la tumultuosa seduta nella grande aula di via Principe Amedeo, in cui si svolse il drammatico incontro tra la contestazione al completo in tutte le sue componenti, da un lato, e il rettore e il senato accademico dall'altro. Non mi si è mai cancellata dalla memoria la figura di Mario Allara, dell'amico Allara che ricordo sempre con affetto, seduto sulla stessa cattedra da cui teneva le lezioni, non piú come il «magnifico», ma come il reprobo, pallido, emozionato, quasi non si rendesse conto di quel che stava succedendo.

Poi siamo entrati, se pure non trionfalmente come avevamo immaginato, a Palazzo Nuovo, dove ho trascorso gli ultimi anni del mio insegnamento, diviso tra la Facoltà di Giurisprudenza e quella di Scienze Politiche, dove ho avuto gli ultimi colleghi e gli ultimi allievi e dove ormai mi capita di entrare raramente, sempre stupito di trovarlo cosí tranquillo, e anche molto meno pittoresco, con tutte quelle scritte sui muri, di un tempo.

Dopo il preambolo e prima del congedo, non posso esimermi da una breve *dissertatio* in risposta al graditissimo omaggio del mio libro, *Thomas Hobbes* (1989) pubblicato da Einaudi e curato da Luigi Bonanate e Michelangelo Bovero.

Lo riconosco, Hobbes è stato uno dei miei autori. Me ne sono occupato a intervalli per tutta la vita. Ma non mi riconosco altro merito che quello di essermi reso conto dell'importanza centrale del pensiero politico di Hobbes quando era ancora poco studiato, almeno in Italia. Ma si capisce: durante il fascismo il suo nome era sospetto. Non ci si era resi conto che il Leviatano non era lo Stato totalitario ma lo Stato moderno, il grande Stato territoriale moderno, che nasce dalle ceneri della società medioevale, un corpo politico che può attuarsi storicamente nelle piú diverse forme di governo, tra le quali non vi è necessariamente quella autocratica. Il Leviatano è sostanzialmente il detentore del monopolio della forza legittima: legittima perché fondata sul consenso dei cittadini. L'importanza di Hobbes mi era stata rivelata dallo studio che avevo fatto negli anni precedenti del sistema giuridico di Pufendorf, che è a modo suo un hobbesiano, come dimostra definitivamente una ricerca molto approfondita che ho avuto occasione di leggere ancora inedita in questi ultimi mesi[1].

Mi aveva colpito soprattutto la novità di Hobbes rispetto al metodo. Il discorso di Hobbes non era piú fondato sul principio di autorità, storica o rivelata, com'era ancora in gran parte nel celebre libro di Grozio, ma esclusivamente su argomenti razionali.

Che l'influenza di Hobbes sul corso delle mie idee sia stata piú dalla parte del metodo che dalla parte del contenuto, come ha sostenuto Bovero[2], è una giusta osservazione. Credo però che anche rispetto alla sostanza vi siano idee hobbesiane che hanno contribuito a formare il mio pensiero politico. Ne indico tre: l'individualismo, il contrattualismo e l'idea della pace attraverso la costituzione di un potere comune, che è il tema su cui esiste un rapporto continuo e fecondo di *concordia discors* con Bonanate. Aggiungerei un certo pessimismo sulla natura umana e sulla storia. Quando cominciai a occuparmi di Hobbes,

[1] Si tratta del lavoro di Fiammetta Palladini, *Samuel Pufendorf discepolo di Hobbes. Per una reinterpretazione del giusnaturalismo*, poi uscito presso il Mulino, Bologna 1990.

[2] M. Bovero, *Bobbio e Hobbes*, in Università degli Studi di Torino, «Notiziario», VI, (novembre 1989), n. 6, pp. 8-14.

non avrei mai immaginato che tanto grande e rapida sarebbe stata la fortuna del suo pensiero politico in Italia, ma non solo in Italia. Del *De cive* che commentai e pubblicai dopo la guerra, è uscita una nuova edizione. Del *Leviatano*, di cui esisteva una traduzione prima della guerra, ne sono uscite altre due, e ne è annunciata una terza[3]. In questi giorni ho ricevuto l'ennesimo libro sul tema[4].

I commentari hobbesiani sono tanto numerosi che un libro recente, che li prende in considerazione e ne fa la storia, è stato intitolato *Quale Hobbes?* Proprio cosí: quale Hobbes? Direi molto semplicemente, e forse banalmente: un Hobbes interpretato con un minimo di buon senso e di senso storico, che difettano, a mio parere, in molti critici che sono andati a caccia di novità a ogni costo. È uscita recentemente anche una interpretazione esistenzialistica, heideggeriana, di Hobbes[5]. Come dire, confondere il principe della luce con il principe delle tenebre.

E ora permettetemi di passare, a mo' di conclusione, alla mozione degli affetti: dal teoretico al patetico. Alle confessioni di un ottuagenario. Anche l'ottuagenario di Ippolito Nievo, Carlo Altoviti, era nato, pensate un po', il 18 ottobre. Le prime parole del libro famoso, che non

[3] La prima edizione, con il titolo *Leviatano ossia la materia, la forma e il potere di uno stato ecclesiastico e civile*, tradotto da Mario Vinciguerra, Gius. Laterza & Figli Tipografi-Editori-Librai, Bari 1911, 2 voll., uscí nella collana di testi e traduzioni "Classici della filosofia moderna", a cura di B. Croce e G. Gentile. Le due edizioni, uscite nel dopoguerra, sono quelle, a cura di Roberto Giammanco, Utet, Torino, 1965, 2 voll., nella Collana di traduzioni «I grandi scrittori stranieri», fondata da Arturo Farinelli, diretta da Giovanni Vittorio Amoretti, e quella, a cura di Gianni Micheli, La Nuova Italia, Firenze 1976, nella collana «Classici della filosofia». L'edizione, allora annunciata, è quella poi uscita nel 1989 sempre presso l'editore Laterza, a cura di Arrigo Pacchi, con la collaborazione di Agostino Lupoli, nella collana «Biblioteca Universale Laterza».

[4] Si tratta di G. Sorgi, *Quale Hobbes? Dalla paura alla rappresentanza*, Franco Angeli, Milano 1989, di cui si parla poco oltre.

[5] Y. C. Zarka, *La décision métaphysique de Hobbes. Conditions de la politique*, Vrin, Paris 1987.

ho mai dimenticate, sono queste: «Io nacqui veneziano ai 18 ottobre 1775, giorno dell'evangelista San Luca». Era naturale che, leggendo quella frase, quando ero poco piú che ragazzo, mi domandassi «Chi sa se mi sarà dato di pronunciare le stesse parole arrivato a quella età?» Se devo essere franco, non ci ho mai creduto. Sono nato in un tempo in cui la vita media non arrivava ai cinquant'anni e gli ottantenni erano una specie molto rara. Si chiamavano vegliardi. Se qualcuno oggi mi chiamasse vegliardo, quasi quasi mi adonterei.

Ma anche allora, e ancora di piú oggi, avere ottant'anni non è un merito. È una fortuna. Il merito è se mai di chi mi ha aiutato a vivere, a cominciare da mia moglie. Per fare bene il mestiere di vivere non ho mai avuto una grande vocazione (oggi si direbbe «professionalità»).

Si dice: la fortuna bisogna meritarsela. No, la fortuna è cieca. Sono sempre stato convinto della sua cecità, della sua sventatezza, della sua insensata arbitrarietà, per cercare di attrarla con le buone maniere, o peggio con le buone opere. Si suol dire: ognuno è fabbro della propria fortuna. Io credo di non aver mai fatto molto per fabbricarla. Né l'ho sollecitata. È venuta, da sola, senza essere invocata, né supplicata.

Non posso negare di essere stato un uomo fortunato. Ma mi sono sempre comportato, ingenerosamente, come se non lo fossi, addirittura quasi sperando di non esserlo per potermi sfogare contro la mala sorte. Sono stato fortunato, mio malgrado. Ho sempre avuto una certa diffidenza verso le tante cose che andavano troppo nel giusto verso. La fortuna mi ha sempre messo in sospetto. Insomma non me ne sono mai fidato. Il carattere della fortuna è anche, oltre la cecità, l'incostanza. Il vento può cambiare da un giorno all'altro. E ti coglie di sorpresa, quando meno te lo aspetti.

Per un amante dei lumi come me, questa signora dagli occhi bendati che sta alle nostre spalle e non si fa mai vedere, non mi è mai molto piaciuta. Non posso, almeno sino ad ora, lamentarmi del trattamento, ma avrei preferito patti piú chiari. Io ti proteggo, ti do buoni compagni di viaggio, ti faccio avere persino degli onori che soddisfano la tua vanità, ma tu in cambio cosa mi dai? Siccome non mi pare di aver dato tutto quel che avrei dovuto, temo sempre di esser chiamato un giorno a renderne conto.

Il mio pensiero accorato va agli sfortunati. Soprattutto a coloro che sono morti adolescenti o appena adulti, di cui non ho perduto il ricordo. Per un incidente, una malattia, in seguito alle vicende drammatiche vissute dalla mia generazione, bombardamenti, agguati, vendette, scontri in guerra, campi di sterminio. Perché loro, proprio loro? Domanda senza risposta. E subito dopo, l'altra domanda, anch'essa senza risposta: «Se fossero vissuti...» Ma c'è ancora qualcuno che li ricorda? e se non ci fosse piú nessuno a ricordarli? E se fossi soltanto io? Quale tremenda responsabilità! Per un amante della giustizia, la morte è la cosa piú mal distribuita di questo mondo. Non si riesce a capire quale sia il criterio con cui la distribuzione avvenga. Ma c'è un criterio? La fortuna gioca a dadi e quel che ne risulta noi lo chiamiamo destino.

Ringrazio tutti dal piú profondo del cuore. E vorrei che i miei ringraziamenti fossero, questi sí, distribuiti egualmente. Tranne che a una persona, mia moglie, che è piú eguale degli altri. Dopo di che invito tutti a considerare se, nel succedersi dei festeggiamenti, questo per gli ottant'anni non sia da considerarsi l'ultima scena, in cui l'attore viene a congedarsi dal pubblico fuori dal sipario prima che si spengano definitivamente le luci.

7.
Autobiografia intellettuale

Non ho mai parlato volentieri di me in pubblico, avendo durante tutta la mia vita parlato sin troppo con me stesso, in privato, tra me e me, senza neppure lasciarne traccia in un diario, per evitare che le perturbazioni interne di un animo perturbatissimo come il mio apparissero in superficie. E poi la mia vita esterna, pubblica, è stata troppo monotona perché meriti di essere raccontata: nascita in una famiglia borghese, i soliti studi di un ragazzo della buona borghesia cittadina, liceo classico e università, vita sedentaria trascorsa in gran parte tra le quattro pareti di uno studio, o nelle piú diverse biblioteche del mondo, salvo qualche viaggio, specie nell'età avanzata, per partecipare a congressi o tenere conferenze, un matrimonio felice e una vita familiare serena. Insomma, nulla da raccontare che esca dall'esistenza normale dello studioso, scandita dai libri letti e scritti: una vita in complesso pacifica in uno dei periodi piú drammatici della storia europea. Mi scuso sin d'ora con voi dell'aridità burocratica della mia esposizione redatta nello stile non di una confessione ma di una scheda biografica. Per un momento di abbandono vi prego di pazientare sino alla fine.

Sono nato il 18 ottobre 1909, pochi anni prima della prima guerra mondiale. Ho compiuto ottant'anni pochi giorni prima della caduta del Muro di Berlino. Il corso della mia vita coincide in gran parte col periodo storico che è stato chiamato, a torto o a ragione, «guerra civile europea». È il periodo che inizia con la profezia del «tramonto dell'Occidente» e termina con la vittoria trionfale della maggiore potenza occidentale, e con la dichiarazione, avventata, della fine della storia. Gli anni della mia formazione corrispondono agli anni del fascismo: quando Mussolini conquistò il potere avevo compiuto da pochi giorni tredici anni; quando cadde il 25 luglio 1943 ne avevo trentaquattro, ero ormai giunto al «mezzo del cammin» della mia vita.

I venti mesi della Guerra di Liberazione, che seguirono dal settembre 1943 all'aprile 1945, furono, per la storia della mia generazione, decisivi. Divisero, anzi spaccarono, il corso della vita di ciascuno di noi in un «prima» e in un «dopo»: un «prima», in cui abbiamo cercato di sopravvivere con qualche inevitabile compromesso con la nostra coscienza e sfruttando anche i piú piccoli spazi di libertà che il regime fascista, dittatura piú blanda di quella nazista, ci concedeva; un «dopo», in cui, attraverso una guerra civile, a volte spietata, è nata la nostra democrazia.

L'unico legame tra il prima e il dopo è rappresentato dagli studi di filosofia del diritto, che iniziai nel 1934 sotto la guida di Gioele Solari, che era già stato il maestro di Alessandro Passerin d'Entrèves e di Renato Treves, con uno studio sull'influenza che allora la fenomenologia di Husserl aveva cominciato a esercitare sulla filosofia giuridica e sociale; li proseguii con uno studio sull'analogia nella logica del diritto nel 1938, uno sulla consuetudine come fatto normativo nel 1942, due temi classici della teoria generale del diritto. Li ripresi dopo qualche anno d'interruzione, dovuta alla mia prima partecipazione al dibattito politico, nel 1949, con un commento alla teoria generale del diritto di Francesco Carnelutti, cui seguirono altri saggi su teorici del diritto, contemporanei, tra cui uno su Kelsen, confluiti in un volume del 1955. Continuità non solo rispetto alla materia, la teoria generale del diritto, ma anche rispetto al metodo. Avevo sin dall'inizio concepito il mestiere del filosofo del diritto piú *sub specie iuris* che *sub specie philosophiae*, come disciplina rivolta piú ai giuristi che ai filosofi, secondo una distinzione elaborata anni piú tardi, traendo argomento da due opere coeve, *L'ordinamento giuridico* di Santi Romano, e i *Fondamenti di filosofia del diritto* di Giovanni Gentile, delle quali mostravo tanto di apprezzare la prima, che era di un giurista, quanto di tenere in poco conto la seconda, che era del maggior filosofo italiano del tempo.

Questo modo di intendere la filosofia del diritto era in netto contrasto con la filosofia del diritto allora dominante in Italia, prevalentemente ispirata all'idealismo, che era filosofia spiritualistica di ascendenza hegeliana, secondo cui il filosofo era chiamato a riflettere perennemente sui due grandi temi che con Giorgio Del Vecchio, il piú illustre e anche il piú noto, non solo in Italia, dei nostri maestri, venivano chiamati del «concetto» e dell'«idea» del diritto, donde i due classici compiti della filosofia del diritto, il compito ontologico e quello deontologico. A compiere il passaggio e il salto dalla filosofia speculativa a quella che avremmo chiamato piú tardi «analitica», mi aiutò la strada percorsa nello studio della fenomenologia, il cui prodotto piú interessante fu allora per me l'opera, per molti anni dimenticata ma in questi ultimi fatta oggetto di una nuova attenzione, di Adolf Reinach sui *Fondamenti a priori del diritto civile* (1921), che era un tentativo, seducente piú che convincente, di fondare teoreticamente una dottrina pura del diritto, se pur con diversi presupposti e diversi sviluppi, rispetto a quella kelseniana, che veniva allora introdotta in Italia dai primi scritti di Renato Treves. Il mio primo saggio su Kelsen apparirà qualche anno piú tardi, nel 1954[1], ma la mia «conversione», se posso chiamarla cosí, al kelsenismo, che avrà gran parte nella mia vita, era già chiara sin da quando, commentando la teoria del diritto di Carnelutti, avevo preso la difesa della dottrina pura del diritto contro un giudizio sprezzante del grande, ma un po' troppo sicuro di sé, giurista italiano[2]. Ma già nelle lezioni padovane dell'anno accademico 1940-41[3], vi era un paragrafo sulla costruzione a gradi dell'ordinamento giuridico, che mi aveva sin d'allora affascinato, e qualche anno piú tardi diventerà il punto di partenza per definire il diritto, non attraverso i soliti caratteri differenziali della norma giuridica, ma attraverso la caratteristica struttura dell'ordinamento giuridico: una tesi che sarebbe stata rafforzata dalla pubblicazione dell'opera di Hart nel 1961.

In realtà, ciò che può apparire a distanza una conversione potrebbe essere anche interpretata come una lenta maturazione avvenuta attraverso un processo di liberazione da idee, orientamenti, schemi mentali, ereditati dall'ambiente culturale in cui mi ero formato ed era avvenuto il mio tirocinio filosofico, quell'ambiente in cui, come ho già detto, la filosofia dominante era l'idealismo. Posti di fronte alla tragedia dell'Europa, della fine di quello che era stato chiamato eulogicamente il «mondo di ieri», e alla difficile ricostruzione dell'incertissimo mon-

[1] *La teoria pura del diritto e i suoi critici*, «Rivista trimestrale di diritto e procedura civile», VIII (giugno 1954), n. 2, pp. 356-77.

[2] *Francesco Carnelutti, teorico generale del diritto*, «Giurisprudenza italiana», Parte IV, Disp. 8ª, 1949, c.c. 113-27.

[3] Lezioni di filosofia del diritto, raccolte dagli studenti P. Antonelli e G. Chiesura, Casa editrice «La Grafolito», Bologna 1941, pp. 267 (Università di Padova, Facoltà di Giurisprudenza, anno accademico 1940-41).

do di domani, dovemmo renderci conto che la filosofia «speculativa» ci aveva offerto ben pochi strumenti per capire la tragedia dell'Europa. Occorreva partire da studi meno alati e piú terrestri di economia, di diritto, di sociologia, di storia. Il tentativo di percorrere una nuova via attraverso la fenomenologia, che aveva preteso di fondare la filosofia come scienza rigorosa, mi aveva lasciato insoddisfatto, almeno per quel che riguarda la comprensione del diritto e della scienza del diritto. Un libretto del 1934, su *Scienza e tecnica del diritto*[4], che s'ispirava alla filosofia fenomenologica, lo avevo ormai abbandonato senza rammarico alla «furia roditrice dei topi».

Grazie alla fondazione a Torino, dove avevo avuto la cattedra nel 1948, del Centro di studi metodologici, che raccolse filosofi e scienziati, giuristi ed economisti, matematici e fisici, intorno a un rinnovato «discorso sul metodo» – per il quale ho sempre avuto, tanto nella teoria quanto nella pratica, una particolare attrazione, non importa poi se allora il metodo prediletto fosse quello neo-positivistico o quello del neo-empirismo o dell'analisi del linguaggio – e grazie alla mia assidua partecipazione alle discussioni che vi si facevano e alle iniziative che vi si prendevano, riuscii a fare il passo decisivo per lasciarmi definitivamente alle spalle le ambiguità del passato e gli sbandamenti della giovinezza.

Il primo frutto, se devo dire tutta la verità, ancora acerbo, di quelle discussioni, fu l'articolo *Scienza del diritto e analisi del linguaggio*[5], che ebbe un successo maggiore di quello che meritava, ma era un successo dovuto al clima culturale mutato. Rappresentò per me l'inizio di

[4] Istituto giuridico della R. Università, Torino, 1934, pp. 53 («Memoria XXVIII, Serie II».

[5] «Rivista trimestrale di diritto e procedura civile», IV (giugno 1950), n. 2, pp. 342-67.

una nuova fase dei miei studi, avvenuta all'insegna della dottrina pura del diritto e attraverso i miei corsi torinesi che si sono succeduti per una decina di anni, *Teoria della scienza giuridica* (1950), *Teoria della norma giuridica* (1958), *Teoria dell'ordinamento giuridico* (1960), *Il positivismo giuridico* (1961), e attraverso tre raccolte di scritti vari, *Studi sulla teoria generale del diritto* (1955), *Studi per una teoria generale del diritto* (1970), *Giusnaturalismo e positivismo giuridico* (1967). Sono stati i miei anni aurei, che ebbero il loro momento conclusivo nella relazione introduttiva svolta al Congresso internazionale di filosofia del diritto di Gardone (1967) su «essere e dover essere nella scienza giuridica»[6]. L'anno prima avevo tenuto la relazione introduttiva al Congresso internazionale della Hegel-Gesellschaft a Praga, su Hegel e il diritto naturale: non avevo mai disgiunto gli studi teorici da quelli storici, che avevano avuto inizio subito dopo la guerra con la pubblicazione del testo completo, per la prima volta in Italia, del *De cive* di Hobbes, poi rimasto uno dei miei autori prediletti. La mia prima apparizione, ancora molto impacciata, in un convegno internazionale era avvenuta su invito di Perelman, di cui avevo fatto conoscere il libretto sulla giustizia[7], al Congresso internazionale di logica giuridica svoltosi a Bruxelles nell'agosto 1953[8], cui era seguita nel 1957 una relazione a Saarbrücken sulla natura delle cose[9], tenuta al Congres-

[6] *Scienza giuridica tra essere e dover essere*, «Rivista internazionale di filosofia del diritto», XLV (luglio-dicembre 1968), pp. 475-86.

[7] Vedi l'articolo *Sulla nozione di giustizia*, in «Archivio giuridico», CXLII, n. 1-2, gennaio-aprile 1952, pp. 16-33. Successivamente, del libro di C. Perelman, *De la justice*, Institut de Sociologie e Solvay, Bruxelles 1945, ho curato la traduzione italiana presso l'editore Giappicchelli, Torino 1959.

[8] *Sul ragionamento dei giuristi*, in «Rivista di diritto civile», I, n. 1, 1955, pp. 3-14.

[9] Cfr. il capitolo IX, *La natura delle cose*, in N. Bobbio, *Giusnaturalismo e positivismo giuridico*, Edizioni di Comunità, Milano 1965, pp. 197-212.

so della Internationale Vereinigung für Rechtsphilosophie, cui mi aveva invitato il professor Werner Maihofer. In quegli anni cade la mia assidua collaborazione sia ai convegni dell'Institut international de philosophie politique, nel primo dei quali a Parigi nel 1957 avvenne il mio primo e unico incontro con Kelsen in occasione di un dibattito sul diritto naturale[10], sia ai colloqui del Centre national de recherche de logique, promossi da Perelman a Bruxelles.

Tra il «prima» e il «dopo», avvenne per me e per la mia generazione un mutamento ben piú radicale di quello che riguarda l'orientamento filosofico. Si aprí per la prima volta la possibilità, o addirittura la necessità, che per alcuni di noi fu anche un obbligo morale, di prendere parte al dibattito politico. Durante il fascismo chi non voleva compromettersi col regime doveva tenersi il piú lontano possibile da studi che toccassero temi politici. Dovevamo dedicarci a ricerche politicamente asettiche, limitare la nostra collaborazione a riviste accademiche, cui giungeva solo raramente l'occhio poliziesco del regime. Le riviste politiche non fasciste erano state soppresse. Sopravvissero riviste filosofiche, anche non fasciste, come la «Critica» di Croce e la «Rivista di filosofia», diretta occultamente da Piero Martinetti, espulso dall'università per non aver accettato il giuramento di fedeltà imposto dal fascismo. Di questa rivista fui redattore sin dal 1935 e vi pubblicai la maggior parte dei miei scritti filosofici sulla fenomenologia e sull'esistenzialismo. A dire il vero, anche la «Rivista internazionale di filosofia del diritto», diretta da Del Vecchio, allora rettore dell'Università di Roma, era una rivista libera, e lo fu a

[10] In quella occasione svolsi una relazione sul tema *Quelques arguments contre le droit naturel* («Annales de philosophie politique», III, PUF, Paris 1958, pp. 175-90).

maggior ragione dal 1938 in poi, quando Del Vecchio fu espulso dall'università in seguito alle leggi razziali, e la direzione fu assunta da Giuseppe Capograssi.

Ho avuto piú volte occasione di sostenere, se pure spesso e vivacemente contraddetto, che una vera e propria cultura fascista, che abbia lasciato il segno nel nostro paese, non ci fu mai. Grazie alla presenza di Croce e di Luigi Einaudi, la cultura liberale, non quella marxista che fu ben piú severamente controllata, attraversò quasi impunemente gli anni del regime, anche quelli che sono stati chiamati, con evidente forzatura, gli anni del consenso (se consenso si può chiamare quello che i giuristi esprimono nella formula «volui sed coactus volui»). Libri su cui si formò un'intera generazione di antifascisti, la *Storia del liberalismo europeo* di De Ruggiero, la *Storia d'Europa* di Croce, *Il pensiero politico italiano dal Settecento al 1870* di Salvatorelli, furono pubblicati durante il fascismo.

Il mio primo articolo politico fu la presentazione di un giornale clandestino, organo del Fronte degl'Intellettuali, «L'ora dell'azione», che uscí nel settembre 1944 durante l'occupazione tedesca. Ma la mia vera e propria attività di giornalista politico la svolsi sul quotidiano del Partito d'Azione, «Giustizia e Libertà», allora diretto da chi è diventato uno dei piú grandi storici italiani, Franco Venturi, ed ebbe breve vita tra l'aprile 1945 e l'autunno 1946. Scrissi anche, nella primavera del 1946, alcuni articoli per un giornaletto, intitolato «Repubblica», stampato fra maggio e giugno 1946 e diffuso nella circoscrizione elettorale di Padova, Rovigo, Verona e Vicenza, a sostegno dei candidati del Partito d'Azione alla Costituente. Insegnavo allora filosofia del diritto all'Università di Padova e fui anch'io candidato, in quella circoscrizione, se pure con esito disastroso, come del resto avvenne per tutti i candidati di quel partito non solo nel Veneto, ma in tutta l'Italia.

Rileggendo quegli articoli, anzi riscoprendoli, dopo tanto tempo[11], mi sono accorto che vi sostenevo alcune idee che non ho piú cambiato, anche se la mia preparazione dottrinale sui temi affrontati era da principiante: diffidenza verso la politica troppo ideologizzata, che divide l'universo politico in parti che si escludono a vicenda; difesa del governo delle leggi contro il governo degli uomini (in quei mesi si stavano discutendo le linee della futura Costituzione, donde l'importanza che si attribuiva allo Stato di diritto); elogio della democrazia anche nella sua funzione educatrice di un popolo da troppo tempo asservito; difesa a oltranza di una politica laica, inteso il laicismo come esercizio dello spirito critico contro gli opposti dommatismi dei cattolici e dei comunisti, infine, incondizionata ammirazione del sistema politico inglese, delle cui istituzioni avevo fatto un corso accelerato in un viaggio di studio in Inghilterra nel novembre-dicembre 1945, compiuto insieme con una delegazione di professori italiani.

Il fascismo era stato sconfitto, avevamo ragione di credere, definitivamente. Il comunismo, invece, era piú vivo che mai. Stalin era stato uno dei vincitori della seconda guerra mondiale. Nell'ottobre 1946 alcuni partiti comunisti di vari paesi, tra cui quello italiano, avevano dato vita al Kominform. Nella lontana Cina, Mao aveva condotto vittoriosamente la Lunga Marcia, sconfitto in successive battaglie l'esercito nazionalista, sino a che nell'ottobre 1949 era nata la Repubblica popolare cinese. Si diceva: «Il sesto del mondo è comunista». In Italia il partito comuni-

[11] Una scelta degli articoli composti tra il '45 e il '46 si trova ora nel già ricordato *Tra due repubbliche*, recentemente pubblicato dall'editore Donzelli.

sta, che aveva dato il maggior contributo alla guerra di liberazione, era ben piú di un sesto. Togliatti aveva dato l'avvio al «partito nuovo» e autorizzato la pubblicazione dei *Quaderni del carcere* di Gramsci, che costituirono per molti anni l'opera piú ricca di insegnamenti e piú originale della sinistra, non solo italiana. Risolto il problema del fascismo, si apriva, per chi aveva combattuto per la restaurazione della democrazia, quello del comunismo. La liberazione dal fascismo era stata la liberazione da una dittatura. Ma non era una dittatura anche il regime che era stato imposto da decenni nell'Unione Sovietica?

Nell'ottobre 1942 avevo aderito al Partito d'Azione clandestino, che, pur interpretando la guerra di liberazione non come guerra di classe ma come il prodromo di una «rivoluzione democratica», combatterà fianco a fianco coi comunisti nella Resistenza e ne riconoscerà la grande forza ideale. Ma nel momento stesso in cui si dava origine al fronte unico nella lotta antifascista, il nostro giornale clandestino, «Italia libera», già scriveva il 5 dicembre 1943 in un articolo intitolato *Noi e i comunisti*: «Sono sicuri i comunisti, quando avranno ucciso provvisoriamente la libertà, di poterla far rivivere con un atto unilaterale di volontà? Noi non crediamo a un socialismo che non sia al tempo stesso libertà». Nel Partito d'Azione erano confluiti sia il movimento di Giustizia e Libertà, che s'ispirava a Carlo Rosselli e al suo libro *Socialisme libéral*, apparso a Parigi nel 1930, sia il movimento liberalsocialista, che era nato clandestinamente in Italia qualche anno dopo all'interno della Scuola normale di Pisa. Come rappresentante del socialismo liberale, il Partito d'Azione si riteneva, rispetto al fascismo, che era stato antiliberale in politica e antisocialista in economia, la negazione totale. Nei riguardi del comunismo, invece, si considerava piuttosto una negazione dialettica, vale a dire una negazione che era nello stesso tempo un'affermazione di tutto quello che il comunismo aveva rappresentato nella sconfitta del fascismo e nell'antitesi al capitalismo. Il fascismo era stato il nemico. I comunisti furono in quegli anni avversari coi quali occorreva stabilire un dialogo sui grandi temi della libertà, della giustizia sociale, e soprattutto della democrazia, per resistere alla controffensiva, allora forse sopravvalutata, della destra reazionaria.

L'occasione per cominciare il dialogo fu la mia partecipazione alla fondazione della Società Europea di Cultura, che, promossa da Umberto Campagnolo, era nata a Venezia nel 1950 col proposito di riunire uomini di cultura al di sopra di quella che allora si chiamava la «cortina di ferro», che divideva politicamente l'Europa. Ma dal punto di vista della grande tradizione culturale da cui ci mettevamo, l'Europa era indivisibile. Contrapponevamo alla politica dei politici, cui riconoscevamo la legittimità ma non l'esclusività del «fare politica», la «politica della cultura», cui attribuivamo il compito di difendere i presupposti stessi di ogni convivenza civile. Mi riferivo allora ad alcune opere che ci avevano impedito, durante l'infuriare della guerra, di perdere ogni speranza nel futuro della civiltà europea: la *Storia d'Europa* di Croce, il *Discours à la nation européenne* di Benda, i *Moniti all'Europa* di Thomas Mann. Il non aver mai voluto interrompere il dialogo Est-Ovest, se pure soltanto tra intellettuali, pur in mezzo alle mille difficoltà che ci venivano frapposte dalla politica dei politici, ci permise di non trovarci impreparati quando cadde il Muro di Berlino, che tra noi intellettuali europei, non era mai esistito. La storia aveva dato ragione a noi, non a loro[12].

[12] Vedi, in questo volume, il capitolo 5, *Politica della cultura*, pp. 109 sgg.

Vi erano due modi di superare la divisione del mondo in due parti contrapposte e inconciliabili, predestinate a uno scontro frontale che avrebbe potuto sfociare nella terza guerra mondiale (capitalismo da un lato, comunismo dall'altro): un modo che chiamerò filosofico o dottrinale, consistente nel sostenere che libertà e giustizia costituiscono due princípî necessari di una democrazia compiuta, non soltanto formale ma anche sostanziale, e occorreva trovare in sede di pensiero astratto e di soluzioni politiche una sintesi o un compromesso. Era la via del socialismo liberale. L'altro modo era quello di cercare di scoprire la possibilità di percorrere una terza via tra Oriente e Occidente, e di fare opera di mediazione pratica, il che in Italia sembrava anche politicamente utile, tra liberali e comunisti. Il mio dialogo con gli intellettuali comunisti durò alcuni anni: cominciò con un articolo del 1951, intitolato *Invito al colloquio*, e terminò con la raccolta di tutti questi scritti in un volume, *Politica e cultura* (1955), nella prefazione del quale potei scrivere a ragione, essendo intervenuto alla fine lo stesso Togliatti, che il dialogo era cominciato. Oggetto principale del dibattito fu da parte mia la difesa dei diritti dell'uomo, in particolare dei diritti di libertà, che non dovevano essere considerati una conquista della borghesia di cui il proletariato non avrebbe saputo cosa fare, bensí un'affermazione da cui era nato lo Stato liberale prima, lo Stato democratico poi, cui gli stessi comunisti avrebbero dovuto arrivare per salvare una rivoluzione, la cui importanza storica io stesso nel corso del dialogo avevo piú volte riconosciuto. Con quel dibattito volli dare un esempio di quella che io consideravo la funzione mediatrice e moderatrice dell'intellettuale fra opposti dommatismi.

Pochi mesi dopo l'uscita del libro feci parte della prima delegazione culturale, inviata dal nostro governo in Cina. Ho riesumato questo viaggio dopo tanti anni non molto tempo fa, intendendo fare ancora una volta l'esame di coscienza dei miei rapporti coi comunisti[13]. Ho cercato di descrivere il nostro stato d'animo di allora, diviso tra l'ammirazione per gli ideali che ci sembrava animassero quel grande popolo, che aveva ritrovato dopo secoli di dispotismo e di servitú la propria dignità, e le delusioni per gli infantili discorsi di propaganda che ci venivano ogni giorno propinati e le risposte evasive, talora menzognere, che ci venivano date, sul tema della libertà. La scelta tra l'apologia e la condanna era allora piú difficile. Ora è piú facile. Allora agitavamo tra noi il dubbio: «E se la prova riuscisse?» Ora la risposta è meno incerta: «La prova non è riuscita». Ma non è riuscita perché il disegno era perverso o perché era troppo ambizioso? Il fallimento, se fallimento c'è stato, deve essere spiegato come la giusta sconfitta di un immane crimine, o come l'«utopia capovolta»?[14]. Delle due risposte la piú tragica di fronte alle grandi sfide della storia è certamente la seconda.

Con le elezioni del 1953 e l'insuccesso del tentativo di consolidare la coalizione capeggiata dalla Democrazia cristiana con un premio di maggioranza, il nostro sistema politico di bipartitismo imperfetto, come fu chiamato con una felice formula da Giorgio Galli, poteva dirsi assestato. Scioltosi il nodo che aveva tenuto avvinto il partito socialista al partito comunista, ebbe inizio il lento avvicinamento dei socialisti verso il centro-sinistra, cui diedi la mia adesione. Per circa vent'anni, come «fi-

[13] *Né con loro, né senza di loro*, in N. Bobbio, *Il dubbio e la scelta. Intellettuali e potere nella società contemporanea* cit., pp. 213-23.

[14] È il titolo di un mio articolo che dà il titolo alla raccolta *L'utopia capovolta* (1990); 2a ed., riveduta, 1995.

losofo militante» (cosí sono stato chiamato da un mio biografo) caddi in letargo. Salvo la partecipazione a qualche dibattito politico-culturale e le obbligate pubbliche celebrazioni della Resistenza, mi dedicai quasi esclusivamente ai miei studi e all'insegnamento universitario. Sono gli anni in cui escono i corsi di teoria del diritto, già citati, e alcuni corsi storici, su Kant (1957), su Locke (1963), sul tema della guerra e della pace (1965).

A rompere la quiete dell'uomo di studio, non apolitico ma neppure troppo politicizzato, sopravvenne la contestazione giovanile del 1968, che iniziò proprio a Torino, dove allora insegnavo, e fu particolarmente intensa alla nuova Università di Trento, dove fui inviato dal Ministero della Pubblica istruzione come commissario straordinario insieme con altri due colleghi. Era nata ormai una nuova generazione che rifiutava la democrazia non esaltante per virtú di uomini e per lungimiranza d'indirizzo politico, cui avevamo dato vita vent'anni prima, e agitava venti rivoluzionari apparentemente impetuosi che sconvolsero, a dire il vero, soltanto l'università. Qualche anno piú tardi, presentando il libro di Eugenio Garin, mio coetaneo, su *Intellettuali del XX secolo e il fascismo*, parlando del contrasto tra le grandi speranze degli anni della ricostruzione e le delusioni per la mediocrità della nostra vita politica, parlai delle *colpe dei padri*[15]. Ogni generazione si ribella ai suoi padri. Ma questa volta i ribelli erano i nostri figli.

Intanto per un uomo del dialogo, come mi ero sempre definito, lo sconvolgimento fu cosí forte (nonostante ripetuti tentativi, mi dovetti rassegnare al fatto che il dialogo con il Movimento studentesco non era possibile),

[15] *Le colpe dei padri*, in N. Bobbio, *Maestri e compagni* cit., pp. 9-29.

che nella prefazione agli scritti su Carlo Cattaneo[16], scritta nel dicembre 1970, feci un'autocritica spietata con accenti catastrofici, che qualche amico, ricordo Pietro Piovani, mi rimproverò. Scrissi che il bilancio della nostra generazione era stato disastroso, perché avevamo inseguito gli ideali della giustizia e della libertà, ma avevamo realizzato ben poca giustizia e forse stavamo perdendo anche la libertà. In realtà la previsione catastrofica era sbagliata. Lo dico qui una volta per sempre. All'uomo di studio non si addice il mestiere del profeta. Mi sono ricordato di questo episodio recensendo il libro di Asor Rosa, *Fuori dall'Occidente*[17], che preannuncia, con un tono che a me è parso apocalittico, la fine della civiltà occidentale. Riprendendo il mio atteggiamento abituale, che è stato definito ironicamente da un critico «bonarietà della ragionevolezza», ho scritto: «Oggi occorrono piú che mai prudenza e pazienza, e si deve respingere la tentazione del "tutto o niente". Né speranza né disperazione. Né Ernst Bloch né Günther Anders. Li ammiro entrambi ma non li sceglierei come guida».

Effetto del terremoto sessantottesco fu che misi da parte, per non piú riprenderli se non a tratti, gli studi di teoria del diritto, che agli studenti in continua ebollizione rivoluzionaria non interessavano piú. Figuratevi un po', un corso di logica deontica, di cui avevo cominciato a occuparmi da pioniere, se pure dilettante, sin dal 1954[18], a una scolaresca che invocava l'immaginazione al

[16] *Una filosofia militante. Studi su Carlo Cattaneo* cit. La prefazione è alle pp. VII-XI.

[17] A. Asor Rosa, *Fuori dall'Occidente. Ragionamento sull'Apocalissi*, Einaudi, Torino 1992. La recensione di Bobbio, *No ai profeti di Apocalissi*, è uscita in «Tuttolibri», XVII (sabato 20 giugno 1992), n. 807, p. 1, seguita da una replica di Asor Rosa, *La mia apocalissi*, ivi, 27 giugno 1992, p. 3.

[18] Vedi la *Lettera di Norberto Bobbio a Amedeo G. Conte*, in A. G. Conte, *Filosofia del linguaggio normativo*, II, *Studi 1982-1994*, Giappichelli, Torino 1995, pp. XIII-XVIII.

potere! Mi misi a scrivere di getto, in pochi mesi, la prima redazione del mio *Profilo ideologico del Novecento*[19], il cui motivo conduttore è costituito dall'idea che la democrazia in Italia abbia sempre avuto una vita stentata, perché contrastata dall'estrema destra e dall'estrema sinistra, spesso alleate, se pure da opposte sponde, contro la politica dei piccoli passi, contro la «crazia» dei mediocri, contro la filosofia dei «passerotti», come la chiamava Salvemini, che sin dal gennaio 1923 (pochi giorni dopo la Marcia su Roma) aveva scritto: «È di moda oggi in Italia, fra gli uomini che si immaginano di essere rivoluzionari, disprezzare la democrazia quanto e piú che non facciano fascisti, nazionalisti, sognatori di gerarchie e di aristocrazie rigide e chiuse»[20]. In questi ultimi anni estrema destra ed estrema sinistra si sono anche scambiati i padri spirituali: abbiamo visto Gramsci diventare una guida per la Nuova Destra, Carl Schmitt, un maestro per la Vecchia Sinistra.

Soprattutto bisognava fare di nuovo i conti con il marxismo, che, se pure non nella forma del marxismo scientifico, ma come leninismo, maoismo, utopia dell'uomo nuovo, era stato impugnato dai vari movimenti giovanili come un'arma critica della società presente, in attesa che i piú scalmanati impugnassero di lí a poco, almeno in Italia, la «critica delle armi». Noi, i riformisti,

[19] Nella sua prima edizione, il *Profilo ideologico del 900*, scritto per sollecitazione di Natalino Sapegno e composto per essere pubblicato nell'ultimo volume della *Storia della letteratura italiana*, dedicato a *Il Novecento*, apparve presso l'editore Garzanti. Con integrazioni e aggiornamenti, successivamente è stato pubblicato presso la Cooperativa Libraria Torinese (CLUT) nel 1972; presso Einaudi nel 1986; di nuovo presso Garzanti nella nuova edizione della *Storia della letteratura italiana* nel 1987 e, come volume autonomo, nel 1990, con una *Bibliografia*, a cura di P. Polito; infine, per iniziativa della Fondazione Giovanni Agnelli, in edizione inglese nel 1995, con una introduzione di M. L. Salvadori.

[20] Vedi il brano completo in N. Bobbio, *Salvemini e la democrazia*, (1975), ora nel mio *Maestri e compagni* cit., p. 52.

avevamo cominciato a porci la domanda: «Quale contributo può ancora dare il marxismo teorico al faticoso, ma irreversibile, processo di democratizzazione del nostro paese?» Nel 1973, in occasione di un volume promosso dal partito socialista per gli ottant'anni di Pietro Nenni, scrissi un saggio, *Democrazia socialista?*, in cui risolvevo quei dubbi con questa domanda: «Ma esiste una teoria marxista dello Stato?» Risposi con molta decisione di no e cercai anche di addurre qualche argomento in difesa di questa mia opinione. Seguí inopinatamente, con insolita rapidità, un dibattito a sinistra, sollecitato dall'allora direttore di «Mondoperaio», Federico Coen, cui parteciparono socialisti, comunisti, socialdemocratici, e anche qualche rappresentante della sinistra eversiva, come Antonio Negri. Ne diedi conto nel 1976 in un volumetto, *Quale socialismo?*[21], che, dopo *Politica e cultura*[22] di vent'anni prima, rappresentò la mia seconda uscita *extra moenia*, intendo le mura della cittadella accademica entro le quali ho trascorso gran parte della mia vita. Ma questa volta non mi fu piú consentito di cadere in letargo. Nel settembre 1976 iniziai la mia collaborazione a «La Stampa» in occasione di un dibattito sul pluralismo al Festival nazionale de «l'Unità» a Napoli, avendo ancora una volta i comunisti come interlocutori privilegiati[23].

Vi faccio grazia delle mie convinzioni sull'importanza del caso nelle vicende umane. Ma devo riconoscere che il caso ha voluto che in quegli stessi anni fossero state istituite in Italia autonome Facoltà di Scienze Politiche e una di queste fosse stata assegnata a Torino. Alessan-

[21] *Quale socialismo? Discussione di un'alternativa*, Einaudi, Torino 1976.

[22] *Politica e cultura*, Einaudi, Torino 1955; prima edizione nei «Reprints» 1974.

[23] Cfr. la raccolta dei miei articoli, *Le ideologie e il potere in crisi. Pluralismo, democrazia, socialismo, comunismo, terza via, terza forza*, Le Monnier, Firenze 1981.

dro Passerin d'Entrèves, che ne fu il primo preside, andando a riposo nel 1972, m'invitò a diventare il suo successore alla cattedra di filosofia politica. Lasciai la Facoltà di Giurisprudenza e l'insegnamento della filosofia del diritto che avevo tenuto per circa quarant'anni e naturalmente fui costretto a modificare gli argomenti dei miei corsi e l'indirizzo dei miei studi. Se un volume di scritti giuridici apparve ancora nel 1977[24], fu dovuto in gran parte alle sollecitazioni che mi vennero dall'amico Treves, che nel 1974 aveva dato vita alla nuova rivista di «Sociologia del diritto».

Non ho intenzione di protrarre ancora a lungo questo racconto. Ma non posso tacere un altro intervento determinante del signor Caso. Negli stessi anni in cui si avvicinava il ciclone del '68, avendo tenuto un corso sulla guerra e sulla pace nel 1964-65, Alberto Carocci m'invitò a scrivere un saggio sulla guerra atomica e l'equilibrio del terrore per «Nuovi argomenti», di cui ero stato antico collaboratore ai tempi del dibattito su politica e cultura. Ne seguirono molti altri da cui nacquero due libri e, da ultimo, anche un *pamphlet* contestatissimo sulla guerra del Golfo[25]. Anche questi, come la maggior parte dei miei libri, sono raccolte di saggi occasionali, e quindi nati ancora una volta per caso. Gli scritti sulla pace e quelli sulla democrazia, di cui la raccolta piú nota è quella che ha per titolo *Il futuro della democrazia* (1984), sono proceduti da allora in poi di pari passo e hanno generato una terza serie di saggi sui diritti dell'uomo. Quale sia lo strettissimo nesso fra i tre problemi, la democrazia, la pace, i diritti dell'uomo, ho cerca-

[24] *Dalla struttura alla funzione. Nuovi studi di teoria del diritto*, Edizione di Comunità, Milano 1977.

[25] Sono i piú volte ricordati: *Il problema della guerra e le vie della pace* (1979); *Il terzo assente* (1989); *Una guerra giusta?* (1991).

to di spiegare all'inizio de *L'età dei diritti*, uscito nel 1990.

Sono vicino agli 83 anni. Sono giunto, senza accorgemene e senza mai averlo neppur lontanamente previsto, all'età della vecchiaia, che una volta veniva chiamata l'età della saggezza. Una volta, quando la corsa del tempo era meno accelerata, i mutamenti storici meno rapidi. Ora non piú. Nelle civiltà tradizionali il vecchio ha sempre rappresentato il custode della tradizione, il depositario del sapere della comunità. Anatole France diceva che i vecchi amano troppo le loro idee e perciò sono di ostacolo al progresso. Per garantire il progresso i popoli primitivi li mangiavano. Ora li mettiamo nelle accademie, che è un modo per imbalsamarli. Il progresso tecnico, specie quello scientifico e quello tecnologico, è cosí vertiginoso e, quel che è piú, irreversibile, che il vecchio, non avendo piú l'elasticità mentale per seguirlo, rischia sempre di restare indietro. Tra la sempre maggiore rapidità con cui mutano le nostre conoscenze e la maggiore lentezza del vecchio nell'apprendimento c'è un contrasto insanabile. Riteniamo che la storia progredisca quando avviene il passaggio dal vecchio al nuovo, e regredisca quando il vecchio oppone resistenza alla nascita del nuovo. Secondo l'analogia tradizionale tra il ciclo di una civiltà e il ciclo della vita, la decadenza di una civiltà coincide con la sua vecchiaia. La vecchiaia dell'uomo, come quella di una civiltà, è il crepuscolo che annunzia la notte.

Anche quando ho cessato d'insegnare, ho sempre cercato di mantenermi in contatto coi giovani. Nulla piú di questa vicinanza mi ha fatto riconoscere quanto continuo e rapido sia il mutamento storico. Mi sono reso conto di quanti libri essi leggono, che io non conosco, e quanto poco conto facciano di alcuni miei sacri testi.

Spero di essere riuscito e non apparire il solito *laudator temporis acti*: «Fiorenza dentro de la cerchia antica...» Ma devo ammettere che dei filosofi che piú ho ammirato, invidiosamente ammirato, la maggior parte sono stati longevi nella vita e nelle opere: Hobbes, che a 87 anni traduce l'*Iliade* e l'*Odissea*; Kant, che quasi ottantenne scrive quell'aureo libretto che è *Per la pace perpetua*; Croce, che nell'ultimo anno della vita, l'ottantaseiesimo, raccoglie i suoi ultimi scritti dedicati a Hegel; Bertrand Russell, che a piú di 90 anni pubblica il terzo e ultimo volume della sua splendida autobiografia.

La vecchiaia è anche l'età dei bilanci. E i bilanci sono sempre un po' melanconici, intesa la malinconia come la coscienza dell'incompiuto, dell'imperfetto, della sproporzione tra i buoni propositi e le azioni compiute. Sei arrivato al termine della vita e hai l'impressione, per quel che riguarda la conoscenza del bene e del male, di essere rimasto al punto di partenza. Tutti i grandi interrogativi sono rimasti senza risposta. Dopo aver cercato di dare un senso alla vita, ti accorgi che non ha senso porsi il problema del senso, e che la vita deve essere accettata e vissuta nella sua immediatezza come fa la stragrande maggioranza degli uomini. Ma ci voleva tanto per giungere a questa conclusione!

Nella vecchiaia si affollano le ombre del passato, tanto piú invadenti quanto piú lontane nel tempo. È incredibile quante immagini tornano che sembravano scomparse per sempre. Tu sei il loro inconsapevole custode. Sei il responsabile della loro sopravvivenza. Nel momento stesso in cui appaiono fugacemente nella tua memoria, rivivono, se pure per un attimo. Se lo lasci svanire quel volto che improvvisamente ti è apparso, è morto per sempre.

Mi sono limitato a raccontare dei fatti, quelli che mi

sono sembrati rilevanti. Il mondo del vecchio – permettetemi ancora questa confidenza – è un mondo in cui contano piú gli affetti che i concetti. Rispetto agli affetti la mia vita è stata felice, nonostante la mia inettitudine alla felicità, e quindi molto al di là delle mie aspettative e soprattutto dei miei meriti. Verso tutti coloro che mi hanno aiutato a vivere e a sopravvivere, e mi hanno accompagnato sin qui, a cominciare da mia moglie, dai miei figli e ora dai miei nipotini, il mio debito è inestinguibile, anche perché l'ora è tarda e non mi rimane piú molto tempo per restituire quello che ho ricevuto. Per citare ancora una volta il mio Hobbes, dalla *Vita carmine expressa*, scritta quando aveva su per giú la mia età: «Poene acta est vitae / fabula longa meae» («Quasi trascorsa è ormai / della mia vita la lunga favola»).

8.

Risposta ai critici

All'inizio del mio discorso autobiografico avevo promesso di far seguire un commento alle relazioni che mi sono state dedicate[1]. Sapevo che leggere tutti quei discorsi su di me e sulla mia opera era un po' come guardarmi allo specchio, anzi in tanti specchi, di cui la maggior parte, era facile prevederlo, mi avrebbero abbellito.

Come potete immaginare, ero curioso di sapere quan-

[1] Do l'elenco delle relazioni presentate alle giornate di studio dedicate a «La figura y el pensamiento de Norberto Bobbio», Santander, Palacio de Magdalena, 20-24 luglio 1992, organizzato dall'Università internazionale Menéndez y Pelayo e dirette da Gregorio Peces-Barba Martínez. Le relazioni sono state dedicate alla mia persona e alla mia opera: Gregorio Peces-Barba Martínez, *La figura y el pensamiento de Norberto Bobbio*; Giulio Einaudi, *Norberto Bobbio. El testimonio de un contemporáneo*; Alfonso Ruiz Miguel, *Bobbio: las paradojas de un pensamiento en tensión*; alla teoria del diritto: Riccardo Guastini, *Introducción a la teoría del derecho de Norberto Bobbio*; Luis Prieto Sanchís, *La sombra del poder sobre el derecho de Norberto Bobbio. Algunas observaciones a proposito de la teoría del derecho de Norberto Bobbio*; Alberto Calsamiglia, *Kelsen y Bobbio. Una lectura antikelseniana de Bobbio*; Enrico Pattaro, *Norberto Bobbio y Al Ross: comparación entre dos teorias de la ciencia jurídica*; ai diritti dell'uomo: Antonio Enrique Pérez Luño, *Los derechos en la obra de Norberto Bobbio*; Rafael de Asís Roig, *Bobbio y los derechos humanos*; alla filosofia politica: Michelangelo Bovero, *Bobbio y la filosofía política*; Eusebio Fernández, *Ética y política. Sobre la necesidad, dacadencia y grandeza del gobierno de las leyes*; Elias Diaz, *Norberto Bobbio: base realistas para el socialismo democrático*; Liborio L. Hierro, *Ross y Bobbio sobre la democracia. El racionalismo de dos emotivistas*; alla fortuna della mia opera in Spagna e in America Latina: Javier de Lucas, *La influencia de Bobbio en España*, Augustín Squella Narducci, *La influencia de Bobbio en iberoamerica*. Cfr. il volume degli atti delle giornate *La figura y el pensamiento de Norberto Bobbio*, Edición de Angel Llamas, presso l'Instituto de derechos humanos Bartolomé de Las Casas e l'Universidad Carlos III de Madrid, Imprenta Nacional del Boletín Oficial del Estado, 1994

to grande sarebbe stata la corrispondenza tra l'autoritratto che io avevo tracciato di me stesso e il ritratto, o meglio i vari ritratti, composti dai diversi relatori. Era la prima volta che mi accadeva di trovarmi dinnanzi a un confronto diretto tra il mio modo di guardare a me stesso e l'altrui modo di guardare allo stesso personaggio.

Lascio giudicare al futuro lettore se corrispondenza vi sia stata e in quale misura. Mi pare però di poter dire che, tolto qualche elogio di troppo, lo specchio è stato in complesso fedele. Si capisce che un ritratto non è una fotografia. Ma non lo è nemmeno l'autoritratto. Sono l'una e l'altro frutto della scelta di un punto di vista: com'era naturale, io ho dato la preferenza alla narrazione di eventi, i miei commentatori all'interpretazione delle opere. Ma vita e opere s'intersecano e si illuminano a vicenda.

Non posso soffermarmi sulle singole relazioni, né replicare alle singole osservazioni, che, lo riconosco, colgono punti deboli delle mie costruzioni teoriche, in particolare un positivismo troppo rigido, oggi per lo piú abbandonato, per quel che riguarda il problema della validità delle norme giuridiche, e uno storicismo troppo sicuro di sé per quel che riguarda il fondamento dei diritti dell'uomo. Non ho mai risposto volentieri alle critiche. Mentre gli elogi m'intimidiscono e mi costringono a domandarmi: «Parlano proprio di me?», le critiche mi stimolano e quando sono ragionevoli, e lo sono spesso, mi aiutano a chiarire il mio pensiero e a correggermi. Delle lodi diffido, dalle critiche ho imparato a non salire su una cattedra troppo alta.

La mia opera è cresciuta insieme con quella dei miei critici e, crescendo, si è talora impercettibilmente e inconsapevolmente modificata, tanto da provocare il rimprovero, che affiora qua e là anche in alcuni dei vostri commenti, di discontinuità, se non addirittura di contraddittorietà o d'incoerenza. Ammetto che fra gli elogi, il piú gradito, che mi viene rivolto spesso, è quello della chiarezza, anche se la chiarezza non sempre è un pregio e l'oscurità non sempre è un difetto. So pure che c'è una chiarezza ingannevole. Se uno dei miei autori prediletti, e celebrati per la loro chiarezza, Thomas Hobbes, è stato considerato reo di «confusing clarity», io non mi debbo ritenere sminuito se mi capita di essere bersaglio di analoga accusa.

L'orientamento di fondo, da cui ambirei non essermi mai allontanato, è quello che non si riconosce e non sfocia in un «ismo», anzi rifugge dall'idea che l'insieme dei pensieri di un filosofo possa essere racchiuso in una bottiglia con sopra un'etichetta. Ricordiamoci che Marx protestava di non essere marxista. Heidegger non ha mai voluto essere chiamato esistenzialista. Uno dei miei autori, cui ho dedicato un libro[2], Carlo Cattaneo, l'ho sempre presentato come un filosofo «positivo». Non mi sarei mai permesso, per timore di sminuirlo, di chiamarlo «positivista».

È un orientamento che si contraddistingue piú per il metodo che per i contenuti: metodo, ed è stato da alcuni di voi riconosciuto come quello della filosofia analitica, del quale Augustín Squella ha elencato alcune caratteristiche fondamentali. Dico qui una volta per sempre che un'opera che cresce su se stessa non arriva mai all'ultimo capitolo. Prova ne sia che riguardo al problema del potere e dei rapporti tra potere e diritto, che è uno dei temi del seminario, in specie nella relazione di Luis Prieto Sanchís, è uscito in questi giorni un libro che raccoglie i

[2] È il già ricordato *Una filosofia militante. Studi su Carlo Cattaneo*, uscito nel 1971 da Einaudi.

miei principali saggi kelseniani, col titolo *Diritto e potere* (1992), a cura di Agostino Carrino e che, riguardo al tema dei diritti dell'uomo, cui sono dedicate due relazioni di Antonio-Enrique Pérez Luño e di Rafael de Asís Roig, la seconda edizione di *L'età dei diritti* (1992), uscita dopo Santander, reca un capitolo nuovo che riprende e allarga il tema, discusso (e discutibile!), della storicità dei diritti dell'uomo.

In questo commento che non ha ancora trovato il tempo di una sufficiente decantazione, non mi sento di andare al di là di una riflessione generale che tragga dall'insieme delle relazioni quello che, adottando il titolo di un noto libro di Benedetto Croce, potrei chiamare un «contributo alla critica di me stesso». Del resto, Peces-Barba, che mi conosce bene, comincia la sua relazione introduttiva definendomi, oltre che un «pessimista biologico», un «autocritico feroce».

Ho scritto una volta che mi considero appartenente alla schiera dei «mai contenti». Sono un uomo del dubbio. È naturale che dubiti prima di tutto di me stesso. Contrariamente a quello che può sembrare dalle mille e piú schede che si allineano l'una dietro l'altra nella mia bibliografia, non sono uno scrittore di facile vena.

Tutto quello che scrivo mi costa molta fatica: uno sforzo che in genere mi pare superiore ai risultati. Non appena ho finito di scrivere un articolo, comincio a non esserne del tutto convinto. Ho subito la sensazione che, se lo riscrivessi, riuscirebbe meglio. Tanto è vero che quando ritorno sullo stesso argomento, non ripeto mai pari pari le idee precedenti o, pur ripetendole, adduco nuovi argomenti, sí da dare l'impressione, che trapela in alcune vostre relazioni, d'incoerenza o, se non proprio d'incoerenza, di tergiversazioni fra tesi opposte. Qualcuno di voi ha usato la parola «vacilaciones».

Fedele al metodo analitico, mi preoccupo di guardare ogni problema da diversi lati. Guardando un oggetto da diversi lati, finisco per non riuscire a darne una definizione lineare e per lasciar aperta la questione. Tipica la soluzione da me data al problema del positivismo giuridico.

Il positivismo giuridico viene considerato da tre punti di vista e corrispondentemente il giusnaturalismo. Un atteggiamento come questo rifugge dalle prese di posizione troppo nette. Se mai tende alla conciliazione, alla mediazione, all'andare al di là degli opposti estremismi. Una posizione che in politica si chiama «moderata».

Non molto tempo fa, a un giornalista de «il manifesto», che voleva da me una dichiarazione sui primi vent'anni del giornale, dissi che la differenza tra me e loro dipendeva dal fatto che loro si consideravano degli estremisti mentre io mi ero sempre ritenuto un moderato[3]. Quando un mio vecchio amico, Ludovico Geymonat, raccolse alcuni suoi scritti politici e li intitolò provocatoriamente, *Contro il moderatismo*[4], dissi che avrei scritto volentieri un contro-libro dal titolo *Perché sono un moderato*.

Sono un moderato, perché sono un convinto seguace dell'antica massima «in medio stat virtus». Con questo non voglio dire che gli estremisti abbiano sempre torto. Non lo voglio dire perché affermare che i moderati hanno sempre ragione e gli estremisti sempre torto equivarrebbe a ragionare da estremista. Un empirista deve limitarsi a dire «per lo piú». La mia esperienza mi ha insegnato che nella maggior parte dei casi della vita pubblica

[3] «*Voi estremisti, io moderato*», «il manifesto», XX (martedí 28 maggio 1991), n. 116, p. 11. Intervista a cura di L. Campetti.

[4] L. Geymonat, *Contro il moderatismo. Interventi dal '45 al '78*, a cura di M. Quaranta, Feltrinelli, Milano 1978.

e privata, «per lo piú» le soluzioni, se non migliori, meno cattive sono quelle di chi rifugge dagli *aut aut* troppo netti, o di qua o di là.

Io sono un democratico convinto, tanto da continuare a difendere la democrazia, anche quando è inefficiente, corrotta, e rischia di precipitare nei due estremi della guerra di tutti contro tutti o dell'ordine imposto dall'alto. La democrazia è il luogo dove gli estremisti non prevalgono (e se prevalgono, la democrazia è finita). Questa è anche la ragione per cui le ali estreme in uno schieramento politico pluralistico, di sinistra e di destra, sono unite dall'odio alla democrazia, se pure per opposte ragioni.

La democrazia, e il riformismo suo alleato, possono permettersi di sbagliare, perché le stesse procedure democratiche consentono di correggere gli errori. L'estremista non può permettersi di sbagliare, perché non può tornare indietro. Gli errori del moderato democratico e riformista sono riparabili, quelli dell'estremista, no, o almeno sono riparabili solo passando da un estremismo all'altro.

Il buon empirista, prima di pronunciarsi, deve voltare e rivoltare il problema di cui si sta occupando da tutte le parti, guardare la medaglia, come mi è accaduto spesso di dire, per esempio a proposito del rapporto tra diritto e forza, tra norma e potere, in particolare tra la norma fondamentale e il potere sovrano, dal retto e dal verso. Siccome la realtà ha molte facce, è difficile vederle tutte. Di qua nascono l'esigenza della cautela critica e, nonostante tutti i possibili controlli, la possibilità di sbagliare. Dalla possibilità dell'errore derivano due impegni da rispettare: quello di non perseverare nell'errore e quello di essere tolleranti degli errori altrui.

Non mi sono mai nascosto che ciò che andavo scrivendo aveva – doveva avere – un carattere provvisorio. Ho sempre rinviato il passaggio dal provvisorio al perentorio, per riprendere due espressioni kantiane, a un non meglio precisato futuro, che non è mai venuto, e che ora è troppo tardi per illudersi possa ancora venire. Le mie opere piú note nell'ambiente accademico italiano, *La norma giuridica* (1958), *L'ordinamento giuridico* (1960), *Il positivismo giuridico* (1979[2]) e *La teoria delle forme di governo nella storia del pensiero politico* (1976) (per non parlare dei corsi di lezioni su Locke e su Kant), sono rimaste intenzionalmente «dispense universitarie». Non ho mai voluto che diventassero veri e propri libri, anche se non ho potuto evitare che lo diventassero in alcune traduzioni.

Non ho mai permesso che fossero trasformati in libri da trasmettere al di là della scuola, perché mi rendevo perfettamente conto della loro incompiutezza e quindi della necessità di sottoporli a una profonda revisione. Però non ho mai avuto la pazienza di completarli e di rivederli, incalzato, da un lato, dal desiderio di presentare ai miei studenti sempre temi nuovi di riflessione, dall'altro, dall'inarrestabile e sempre piú rapido movimento delle idee nel mondo di oggi.

A mia discolpa, o a mio maggior rimprovero (lo lascio decidere a ciascuno dei lettori), l'incompiutezza di molti miei scritti dipende dal fatto che ho cercato di arare nello stesso tempo campi diversi, e sono saltato spesso dall'uno all'altro senza aspettare che la semina desse tutti i suoi frutti. La curiosità che non mi ha mai abbandonato, anche ora che sono vecchio, mi ha favorito e insieme tradito.

Sono passato dagli studi iniziali di filosofia del diritto a quelli di filosofia politica e di storia del pensiero politico, e mi sono soffermato con particolare interesse sulla storia della cultura in Italia. Chi ha elaborato il programma del seminario se n'è reso ben conto e ha distribuito equamente le relazioni con particolare riguardo alla filosofia del diritto, o meglio alla teoria generale del diritto, con Riccardo Guastini, che ha scoperto nei miei scritti molte piú cose di quelle che avrei mai immaginato, e Luis Prieto Sanchís che si è occupato criticamente delle mie tesi sui rapporti tra validità ed efficacia, Albert Calsamiglia e Liborio L. Hierro, che hanno arricchito il quadro raffrontando la mia teoria generale con quella di due fra i miei maestri, Hans Kelsen e Alf Ross: il terzo, è inutile sottolinearlo, è Herbert Hart, dallo studio del quale ho tratto conferma e conforto per la mia tesi principale che la definizione del diritto rispetto ad altri tipi di sistemi normativi non si può trarre se non dalla definizione dell'ordinamento nel suo complesso. Ma non è stata dimenticata la filosofia politica (Michelangelo Bovero), la teoria dei diritti dell'uomo (Rafael de Asís e Antonio-Enrique Pérez Luño) e la proposta politica (Elias Diaz e Eusebio Fernández).

L'unico tema fra quelli di cui mi sono maggiormente occupato lungo tutto il corso della mia vita che non ha avuto un rilievo particolare è quello degli intellettuali, piú precisamente del rapporto tra intellettuali e potere, al quale costituisce da premessa la relazione di Giulio Einaudi, che come amico e come editore ha favorito la pubblicazione e la diffusione di una decina almeno di miei libri, e di quelli, tra essi, politicamente piú impegnati, come *Politica e cultura* (1955), *Quale socialismo?* (1976) e *Il futuro della democrazia* (1984) e *L'età dei diritti* (1990).

Particolarmente preziose per me, e anche sorprendenti, sono state le due relazioni di Augustín Squella e di Javier de Lucas, sulla diffusione della mia opera rispettivamente in America latina e in Spagna. La prima traduzione in castigliano è stata fatta in Messico presso il Fondo de cultura económica nel 1946, di un'opera non giuridica, *La filosofia del decadentismo*, uscita nel 1944, da me considerata un po' come lo spartiacque tra la prima e la seconda fase della mia vita. Quanto alla diffusione in Spagna, che devo soprattutto alla generosità di Gregorio Peces-Barba, Elias Diaz, e Alfonso Ruiz Miguel, ritengo sia stata favorita dal fatto che il vostro paese si è venuto a trovare, se pure molti anni piú tardi, nella stessa situazione in cui si era venuta a trovare l'Italia nel passaggio dalla dittatura alla democrazia, e nel medesimo tempo molti giovani filosofi sentivano lo stesso bisogno, che avevamo sentito noi quando avevamo la stessa età, di rompere il giogo della filosofia ufficiale che era stata asservita al fascismo.

Bovero mi ha invitato a riflettere sul fatto che forse molte contraddizioni reali nei miei scritti e molti fraintendimenti cui la mia opera ha dato origine, dipendono anche dal contrasto, non mai risolto, tra la vocazione dell'utopia e la professione di realismo, e quindi tra la nobiltà degli ideali perseguiti e la durezza della realtà che li infrange, un contrasto che mi fa apparire talora come un idealista deluso, talora come un conservatore soddisfatto (ed è questa in parte la tesi di Perry Anderson[5] da cui Elias Diaz mi difende). Vorrei, se mai, aggiungere che, oltre alla distinzione che mi è occorso sovente di fare, tra i filosofi della sintesi e i filosofi

[5] Il riferimento è al saggio di Perry Anderson, *The Affinities of Norberto Bobbio*, apparso sulla «New Left Review», 170, july-august, 1988. Pubblicato in Italia, con il titolo *Norberto Bobbio e il socialismo liberale*, in *Socialismo liberale. Il dialogo con Norberto Bobbio oggi*, a cura di G. Bosetti, l'Unità, Roma 1989, pp. 11-71 e, con il titolo originario, in P. Anderson, *Al fuoco dell'impegno*, il Saggiatore, Milano 1995, pp. 115-62. Ed. orig., Verso, London-New York 1992 (in particolare, pp. 87-129).

dell'analisi iscrivendomi senza riserve, come ho già detto, e voi lo sapete benissimo, tra i secondi, ho sempre avuto in mente un'altra distinzione fondamentale, tra filosofi monisti, per cui non c'è distinzione tra il mondo dei fatti e il mondo dei valori e aperto è il passaggio dall'uno all'altro, e filosofi dualisti per cui tra il mondo dei fatti e quello dei valori, tra l'essere e il dover essere, tra la sfera delle sensazioni e quella delle emozioni, il passaggio è sbarrato.

Io sono un dualista impenitente. Spesso mi è accaduto di essere rimproverato per una descrizione troppo cruda della realtà come se cercare di comprendere il male anche nelle sue pieghe piú riposte equivalesse a compiacersene e a giustificarlo. Non è dall'osservazione spregiudicata della realtà che può derivare la possibilità di cambiarla? Sinora gli uomini hanno interpretato il mondo, diceva Marx, ora si tratta di cambiarlo. Ma come si può cambiarlo se prima non lo si comprende?

Del mio irriducibile dualismo si è reso conto perfettamente Alfonso Ruiz Miguel, che tra tutti gli specchi in cui mi sono sinora riflesso è quello che mi guarda da piú vicino e in cui quindi la mia figura appare con tutte le sue luci e le sue ombre.

Il dualismo genera paradossi, che si esprimono in ossimori, come, per citare i piú noti e da me stesso dichiarati, illuminista e pessimista, liberale e socialista. Ruiz Miguel ne esamina con molta intelligenza dieci, come esempi di una tensione teorica e pratica non mai risolta, la cui soluzione può dipendere o dal fermarsi a metà strada (di qui potrebbe derivare quello che io stesso ho chiamato il mio moderatismo come contrapposizione agli opposti estremismi) oppure nel passaggio dalla teoria alla pratica.

Volendo applicare il metodo analitico anche ai «paradossi bobbiani», mi pare di poter dire che non tutti hanno la stessa rilevanza e intensità, e soprattutto non stanno tutti sullo stesso piano. Alcuni non consistono tanto nel rifiuto degli opposti estremismi quanto nel non riconoscere opposti unilateralismi, specie in campo metodologico, come quelli che dividono in filosofia del diritto gli empiristi dai formalisti o i sociologi del diritto dai teorici generali del diritto; gli analitici dagli storicisti nelle recenti dispute tra storici del pensiero politico; gli storicisti dai concettualisti, che è spesso non altro che una artificiale distinzione disciplinare fra storici che ritengono di poter fare a meno del rigore concettuale e filosofi che credono di poter prescindere dalla dimensione storica per definire i concetti. Tra questi metterei anche il socialismo liberale. Altri ancora dipendono unicamente da dubbi non risolti mai definitivamente nell'affrontare i problemi ultimi, come il contrasto secolare nella filosofia del diritto tra giusnaturalismo e positivismo giuridico, un contrasto di cui ho creduto di poter dare una spiegazione illustrando i diversi piani su cui si pone (metodologico, ontologico, ideologico). Altri infine unicamente dall'ambiguità del problema, come quello della tolleranza intollerante, che si formula di solito con la domanda: «Si debbono tollerare gli intolleranti?»: un problema che non si può risolvere con un taglio netto, e richiede se mai soluzioni pratiche che possono cambiare a seconda delle diverse situazioni storiche. Non mi ritrovo invece nel paradosso: «relativista credente». Il fatto di essere relativista non esclude di credere nella propria verità, anche se il relativista si inibirà di imporla per rispetto della verità altrui. Dove il dualismo trova la sua maggiore espressione e la sua radicalità esistenziale, è nel binomio «illuminista-pessimista», cui Ruiz Miguel fa corrispondere, invertendone i termini, il paradosso «realismo insoddisfatto», insoddisfatto, bisogna spiegarlo, perché confrontato continuamente con una visione utopistica della storia. Qui soltanto, e in modo eminente, il paradosso nasce dal contrasto tra il mondo dei fatti e il mondo dei valori, che è poi il contrasto che si agita in ciascuno di noi tra la nostra anima razionale e quella irrazionale, e si risolve sinteticamente nella nota formula «pessimismo della ragione e ottimismo della volontà», se non fosse che, nel mio caso, al pessimismo della ragione si è accompagnato nella maggior parte delle vicende della mia vita anche il pessimismo della volontà.

Torno al punto di partenza: il mio pessimismo biologico, di cui si è occupato Peces-Barba. Lascio indecisa la questione se si tratti di pessimismo biologico o culturale. Ma distinguerei a ogni modo il pessimismo cosmico che deriva dalla profonda convinzione, che mi ha accompagnato tutta la vita, della radicale inesplicabilità e insuperabilità del male nelle due forme del male attivo, la malvagità, e del male passivo, la sofferenza, l'uno e l'altro in rapporto di interazione reciproca, dal pessimismo storico, che si fonda sulla constatazione del trionfo del male sul bene, e ci fa restare sempre col fiato sospeso in angosciosa attesa di un male sempre piú grande: dopo Auschwitz e la bomba di Hiroshima, l'accumularsi negli arsenali di tutto il mondo di armi sempre piú micidiali da cui potrebbe venire la fine dell'umanità, la «fine della storia» non nel senso del suo compimento ma del suo annichilimento. E non tralascerei di parlare di pessimismo esistenziale, inteso come il senso, che io ho sempre provato acutissimo, del fallimento di ogni sforzo per uscire dalla caverna (il che spiega anche il mio pessimismo della volontà).

9.
Diritto e potere

Diritto e scienza politica procedono da secoli di pari passo, anche se non sempre si sono incontrati, e spesso l'uno procede indipendentemente dall'altra. Possiamo far cominciare questa storia parallela dalle due opere fondamentali di Platone. *Le leggi* e *La repubblica*, che possono essere considerate esemplarmente l'una un'opera di diritto, l'altra un'opera di politica, che si completano a vicenda, anche se su piani diversi. Tra le opere piú note di Cicerone, una è intitolata *De legibus*, un'altra *De republica*. Lungo tutta la storia del pensiero politico si alternano opere sulle leggi che regolano gli Stati, oggi le chiameremmo di diritto pubblico, a opere sul governo e sulle sue diverse forme storiche, ad altre ancora, in cui l'aspetto giuridico e quello politico sono congiuntamente esposti. Ai trattati di diritto naturale, di cui il piú diffuso fu nei secoli XVII e XVIII quello di Pufendorf, *De jure naturae et gentium*, una parte del quale è dedicata alla teoria dello Stato, succedono alla fine del '700 i trattati di scienza dello Stato, che hanno per oggetto l'amministrazione della cosa pubblica. Nel Sei e Settecento fioriscono, soprattutto in Italia e in Germania, i trattati sulla ragion di Stato, opere politiche i cui autori sono spesso giuristi consiglieri del principe. L'opera somma che raccoglie in un unico sistema tutta la tradizione di scritti giuridici e politici dall'età classica sino all'età moderna, i *Lineamenti di filosofia del diritto* di Hegel, ha come sottotitolo *Diritto naturale e scienza dello Stato*.

Avendo coltivato alternativamente studi giuridici e studi politici, e avendo insegnato tanto la filosofia del diritto quanto la filosofia e la scienza politica, nei miei scritti sulla democrazia, la sua storia, i suoi limiti, e i suoi possibili sviluppi, ho cercato di tener conto dei risultati raggiunti sia dai giuristi sia dagli studiosi di politica, in relazione ai principali temi e problemi che il governo dei regimi democratici solleva.

Rispetto alla tradizione del pensiero giuridico è stato decisivo per me l'incontro con la teoria del diritto di Hans Kelsen[1], la cosiddetta teoria pura del diritto, di cui mi avevano affascinato la chiarezza dell'analisi concettuale, l'originalità e semplicità delle soluzioni, nonché la coerenza dell'intero sistema. Nella sua opera riassuntiva, *Teoria generale del diritto e dello Stato*, apparsa in un anno decisivo per la mia formazione personale, nel 1945 (tradotta in italiano nel 1952), Kelsen risolve la tipologia tradizionale delle forme di governo, che aveva avuto le sue classiche formulazioni e segnato le sue tappe principali con Aristotele, Machiavelli e Montesquieu, nella contrapposizione democrazia-autocrazia, ispirata alla distinzione kantiana tra autonomia ed eteronomia: una soluzione che pone a fondamento della democrazia un concetto forte di libertà, intesa non soltanto piú come libertà negativa, propria della tradizione politica liberale, ma anche come libertà positiva secondo la famosa definizione di Rousseau, riproposta dallo stesso Kant, per cui la libertà consiste nell'obbedire alla legge che ognuno dà a se stesso.

L'insegnamento di Kelsen, giurista, studioso in parti-

[1] I miei saggi su Kelsen sono stati raccolti nel volume *Diritto e potere*, Edizioni Scientifiche Italiane, Napoli 1992.

colare del diritto pubblico e del diritto internazionale, che aveva scritto un'opera di grande diffusione sull'essenza della democrazia, mi serví anche a considerare i problemi del governo democratico dal punto di vista delle sue regole costitutive che permettono di darne una definizione procedurale o metodologica, secondo cui ciò che caratterizza i governi democratici è un insieme di regole di organizzazione, che consentono ai cittadini di prendere le decisioni collettive vincolanti per tutti attraverso meccanismi di formazione di un libero convincimento e di manifestazione diretta o indiretta di questo convincimento. La definizione procedurale è anche una definizione minima, in quanto comprende le piú diverse forme storiche di costituzioni democratiche; da quelle degli antichi a quelle dei moderni, da quelle dei moderni a quelle dei posteri, se governi democratici nel futuro ancora ci saranno, il che non possiamo sapere con certezza.

Contro l'obiezione che la definizione della democrazia procedurale, che riguarda la struttura giuridica dello Stato democratico, è indifferente ai valori, occorre insistere sulla considerazione che il fine principale di queste regole è di rendere possibile la soluzione dei conflitti sociali attraverso la contrattazione fra le parti e, quando la contrattazione non ha esito, attraverso il voto di maggioranza escludendo il ricorso alla violenza. In una parola, la democrazia può essere definita come il sistema di regole che permettono l'instaurazione e lo sviluppo di una convivenza pacifica. In occasione della morte di Popper ho ricordato la sua ben nota distinzione fra due forme di governo contrapposte, quella in cui ci sono regole che permettono di sbarazzarsi dei propri governanti senza spargimento di sangue, attraverso libere elezioni, e quella «di cui i governanti non possono sbarazzarsi che per mezzo di rivoluzione, il che significa – continua – che, nella maggior parte dei casi non possono affatto sbarazzarsene»[2]. È da aggiungere, se mai, che quello che vale nel passaggio da un regime all'altro deve valere, a maggior ragione, all'interno del regime democratico, una volta che esso sia stato stabilito. Per queste ragioni una società democratica può sopportare la violenza criminale, se pure entro certi limiti, e sia ben chiaro che fenomeni come la mafia li oltrepassano. Non può sopportare la violenza politica. E non la può sopportare perché, come ho detto, lo scopo principale delle regole che caratterizzano i regimi democratici e li distinguono da tutti gli altri è di proporre ogni forma possibile di rimedi allo sbocco violento dei conflitti sociali.

Naturalmente, altro sono le regole, altro la loro regolare generale applicazione. La loro applicazione non può essere garantita, se non, come ho detto all'inizio, dalla formazione di poteri che ne garantiscano il piú possibile l'osservanza. Il punto di vista giuridico non può non essere integrato dal punto di vista piú propriamente politico. A questo fine mi sono venuti incontro gli scrittori realisti, i cosiddetti "machiavellici", come Pareto e Mosca cui ho dedicato alcuni studi, riuniti nel volume, *Saggi sulla scienza politica in Italia*, apparso nel 1969 e, in una nuova edizione accresciuta nel 1996. Ma a questi miei maestri di realismo politico vorrei aggiungere almeno il nome di un altro autore. Elias Canetti, e di un'opera *Massa e potere*, che, conosciuta in ritardo attraverso la traduzione italiana[3], mi ha fatto vedere la politica, per

[2] N. Bobbio, *Nobiltà della democrazia*, in «La Stampa», 18 settembre 1994, pp. 1 e 2.

[3] Mi riferisco alla traduzione di Furio Jesi, *Massa e potere*, Adelphi, Milano 1981. Ed. orig. 1960. A Canetti mi sono ispirato in modo particolare per le mie riflessioni sul potere invisibile. In occasione della morte ho scritto:

citare il titolo di un celebre libro, anche come il «volto demoniaco del potere». Sono stato cosí indotto a contrapporre non tanto, come avviene di solito, la democrazia sostanziale a quella formale, una contrapposizione che a me è sempre parsa fuorviante, ma la democrazia reale a quella ideale. Di qui è nata la mia analisi delle «promesse non mantenute», che forma il nucleo del mio libro forse piú noto, e che già piú volte ho ricordato, *Il futuro della democrazia*. Tra queste promesse non mantenute ho additato, e sono tornato piú volte sull'argomento, la persistenza del potere invisibile, degli arcana imperii, che mi ha fatto ripetere piú volte un detto di Canetti: «Il segreto sta nel nucleo piú interno del potere».

Il problema della democrazia all'interno dei singoli Stati è strettamente connesso a quello della democrazia nel sistema internazionale. Anche le democrazie piú consolidate non sempre si trovano nella condizione di osservare i principi della convivenza democratica nel rapporto con gli altri Stati. Il "futuro della democrazia" risiede oggi piú che mai nella democratizzazione del sistema internazionale. Si tratta di un processo che dovrebbe svolgersi in una duplice direzione, ovvero nella graduale estensione degli Stati democratici, che ancora oggi sono una minoranza, e nella ulteriore democratizzazione della organizzazione universale degli Stati, che

«Ho un debito di riconoscenza verso di lui; per quello che ho imparato sull'aspetto invisibile dell'agire politico dalla sua grande opera *Massa e potere*: invisibile, perché intenzionalmente sottratto allo sguardo dei comuni mortali; perché coperto spesso da una maschera. Da un lato, la maschera, irrigidendo la mobilità del volto umano, lo deforma; dall'altro, l'uomo potendo cambiare la maschera ma non il volto, riesce ad apparire diverso restando lo stesso. Il potere e la maschera: un bell'argomento di cui generalmente non si trovano tracce nei libri dei politologi. Ma guardandosi attorno, in casa nostra e altrove, specie in un mondo in cui l'immagine del potere è continuamente davanti ai nostri occhi, abbiamo buone ragioni per non lasciarlo cadere» («La Stampa», 31 dicembre 1994, p. 14).

non è riuscita sinora a superare la condizione di equilibrio instabile fra i grandi Stati, e a impedire lo scoppio dei conflitti fra gli Stati piccoli.

I due processi sono strettamente connessi l'uno all'altro. Solo l'aumento degli Stati democratici potrà favorire l'ulteriore democratizzazione del sistema degli Stati. E questa soltanto può aiutare l'espansione degli Stati democratici. Formulo il problema sotto specie di una congettura. Secondo la concezione kantiana della storia profetica dell'umanità, non siamo in grado di prevederne con una certa approssimazione lo sviluppo, ma possiamo soltanto coglierne i segni premonitori. Se i segni premonitori del futuro della storia siano favorevoli all'espansione e al rafforzamento di quelle regole che sole consentono una convivenza pacifica o, se non proprio pacifica tale che possa ridurre al minimo la soluzione cruenta dei conflitti, nessuno è in grado di dire. Il futuro della terra può essere oggetto soltanto di una scommessa, per chi non si accontenta di una scommessa, e ritiene che esso sia nelle nostre mani, o intenda agire come se fosse nelle nostre mani, di un impegno. I segni premonitori sono tanto negativi che positivi. Certamente, uno dei piú preoccupanti segni negativi è la crescente diseguaglianza fra paesi ricchi e paesi poveri, che è condizione permanente di dominio dei primi e di conflitti tra i secondi. Segno favorevole, invece, è la sempre maggiore intensità con cui in sede internazionale viene riproposto il tema della protezione dei diritti dell'uomo, a cominciare dalla Dichiarazione universale del 1948, che ha indicato una meta ideale e ha tracciato una possibile linea di avanzamento del diritto internazionale nella direzione che va verso l'affermazione di un diritto cosmopolitico, dallo stesso Kant prefigurato.

Tanto al tema dei diritti dell'uomo, quanto a quello

della pace come meta ultima dell'evoluzione democratica del sistema degli Stati, ho dedicato vari scritti, raccolti, sul primo tema, nel libro *L'età dei diritti* (1990), raccolti gli altri, sul secondo tema, nei due libri *Il problema della pace e le vie della guerra* (1979) e *Il Terzo assente* (1989).

I miei saggi sul primo tema partono dalla constatazione che il riconoscimento dei diritti dell'uomo, condizione della nascita nell'età moderna dello Stato liberale, prima, democratico, poi, presuppone un capovolgimento radicale del punto di vista tradizionale, secondo cui il rapporto politico viene osservato piú dalla parte dei governanti che da quella dei governati, nel punto di vista opposto, secondo cui il rapporto politico deve essere osservato dalla parte dei governati. Alla base di questo capovolgimento c'è la concezione individualistica della società, la considerazione del primato della persona umana rispetto a ogni formazione sociale, di cui l'uomo viene naturalmente o storicamente a far parte; la convinzione che l'individuo ha valore in se stesso, e lo Stato è fatto per l'individuo e non l'individuo per lo Stato. Questa forma di individualismo, che io chiamo etico per distinguerlo da quello metodologico e da quello ontologico, è il fondamento della democrazia, alla cui base sta la regola: una testa, un voto. E si contrappone a tutte le dottrine organiche, secondo cui il tutto è prima delle parti, e il singolo individuo non ha valore se non in quanto parte di una totalità che lo trascende. Un altro tema su cui mi sono soffermato è quello della storicità dei diritti dell'uomo, che non sono stati dati una volta per sempre, tutti insieme. Dopo l'affermazione dei diritti di libertà, dei diritti politici e dei diritti sociali, si avanza oggi una "nuova generazione" di diritti, che vengono affermati di fronte alle minacce alla vita, alla libertà e alla sicurezza, che provengono dall'accrescimento sempre piú rapido, irreversibile e incontrollabile, del progresso tecnico. Mi riferisco in particolare al diritto all'integrità del proprio patrimonio genetico, che va ben al di là del diritto tradizionale all'integrità fisica.

I miei scritti sulla pace sono nati negli anni dell'equilibrio del terrore, dalla constatazione che le nuove armi termonucleari minacciavano per la prima volta la vita non soltanto di questo o quel gruppo umano, ma dell'intera umanità. Pertanto non valevano piú, di fronte alla possibilità di una guerra sterminatrice, le tradizionali giustificazioni che erano state date dei conflitti fra gli Stati, in particolare la teoria della guerra giusta. Di qua la necessità di riproporre in termini nuovi il problema della pace e del pacifismo. Tra le varie forme di pacifismo, religioso, morale, politico, le mie preferenze si sono rivolte al pacifismo giuridico, secondo cui la soluzione pacifica dei conflitti dipende dalla presenza di un Terzo al di sopra delle parti, in grado non solo di giudicare chi ha ragione e chi ha torto, ma anche di far osservare in ultima istanza la propria decisione. Alla domanda come sia possibile una società non violenta, o meno violenta di quella che ha contrassegnato la nostra storia millenaria, tra i due estremi dell'azione diplomatica piú facilmente praticabile ma insufficiente, e dell'educazione alla pace, certamente piú efficace ma piú difficile da attuare, ho dato la preferenza, per ragioni legate alla mia formazione culturale e per una naturale propensione a ritenere che la virtú sia nel mezzo, a quella che guarda alla creazione di nuove istituzioni che aumentino i vincoli reciproci fra gli Stati, o al rafforzamento di quelle, fra le vecchie, che hanno dato sinora buona prova. Sono perfettamente consapevole che si tratta di una meta ideale. Ma se non ci si propone una meta, non ci si mette neppure in cammino.

10.
Un bilancio

Quando si è vecchi, e per di piú anche invecchiati, non si riesce a sottrarsi alla tentazione di riflettere sul proprio passato. Delle tre dimensioni del tempo, per chi ha superato le soglie degli ottant'anni, solo il passato esiste col suo peso schiacciante di ricordi che non se ne vogliono andare e talora ricompaiono improvvisamente dopo anni che parevano svaniti. Il presente è sfuggente. Il futuro, che è il regno dell'immaginazione e della fantasticheria, si riduce di giorno in giorno sino a scomparire del tutto.

Quale migliore occasione per un bilancio conclusivo che questa solenne cerimonia, in cui mi viene conferito il titolo di dottore della vostra Università?

Un bilancio non facile. È uscita pochi mesi fa, presso l'editore Laterza, una ammirevole bibliografia dei miei scritti, alla quale attendeva da anni Carlo Violi dell'Università di Messina. Dico «ammirevole», beninteso, per il metodo con cui è stata condotta, non per i contenuti che non sta a me giudicare. Dal punto di vista dei contenuti una bibliografia, a maggior ragione la bibliografia di una persona come me che ha disperso le proprie ricerche in tanti piccoli rivoli che non sono mai confluiti in un solo grande fiume, è come un bazar: c'è anche la merce di lusso, però frammista a molta merce a buon mercato, il ninnolo prezioso in mezzo alle cianfrusaglie. Bisogna fare delle scelte. Scartare il grano dal loglio. Questo si può fare soltanto andando a vedere che cosa c'è dietro a quei titoli allineati l'uno dietro l'altro in base a due criteri oggettivi, quindi non selettivi, come l'alfabetico e il cronologico. Che cosa c'è? C'è piú o meno la storia della mia vita. Solo guardando questa storia, si può sperare di trovare un filo conduttore, discernere non dico il buono dal cattivo, non spetta a me il farlo, ma ciò che è piú o meno rilevante, appunto, per quel bilancio.

Appartengo a una generazione – l'ho detto piú volte – che è passata dal limbo, in cui, per dirlo con Dante, stanno coloro che «mai furon vivi», all'inferno della seconda guerra mondiale durata cinque anni e che in Italia, a differenza di quel che accadde in altri paesi, terminò con l'occupazione tedesca di parte del territorio e con una crudele guerra fratricida, che lasciò piaghe cosí profonde non ancora guarite dopo mezzo secolo. Per chi, come me, aveva seguito studi giuridici e filosofici e si era occupato forzatamente di studi politicamente asettici, era naturale che, finita la guerra e tornata la libertà, i grandi problemi da affrontare fossero la democrazia e la pace. La storia della mia vita di studioso comincia di lí. Quello che precede è la preistoria. Questi due grandi temi sono come la calamita da cui è stata attratta gran parte della limatura degli scritti brevi e d'occasione. Cosí la massa apparentemente caotica delle schede bibliografiche può forse trovare un primo ordinamento. Solo qualche anno piú tardi mi trovai ad affrontare il tema, cui le riflessioni sulla democrazia e sulle condizioni della pace mi avevano inevitabilmente condotto, dei diritti dell'uomo. Che i tre temi – democrazia, pace, diritti dell'uomo – fossero strettamente collegati tra loro, anche se gli scritti che vi si riferiscono nacquero indipendentemente l'uno dall'altro, era evidente. Tanto che piú volte mi è accaduto di presentare il loro collegamento come meta ideale di una teoria generale del diritto e della politica, che peraltro non sono mai riuscito a scrivere.

In una ideale teoria generale del diritto e della politica, l'opera dovrebbe essere costituita da tre parti di un unico sistema. Il riconoscimento e la protezione dei diritti dell'uomo stanno alla base delle costituzioni democratiche moderne. La pace è, a sua volta, il presupposto necessario per il riconoscimento e l'effettiva protezione dei diritti fondamentali all'interno dei singoli Stati e nel sistema internazionale. Nello stesso tempo il processo di democratizzazione del sistema internazionale, che è la via obbligata per il perseguimento dell'ideale della «pace perpetua», nel senso kantiano della parola, non può andare avanti senza una graduale estensione del riconoscimento della protezione dei diritti dell'uomo al di sopra dei singoli Stati. Diritti dell'uomo, democrazia e pace, sono dunque tre momenti necessari dello stesso movimento storico: senza diritti dell'uomo riconosciuti e protetti non c'è democrazia; senza democrazia non ci sono le condizioni minime per la soluzione pacifica dei conflitti sociali. Con altre parole, la democrazia è la società dei cittadini. I sudditi diventano cittadini quando vengono loro riconosciuti i diritti fondamentali. Ci sarà pace stabile, una pace che non abbia piú la guerra come alternativa, soltanto quando vi saranno cittadini non solo di questo o quello Stato, ma del mondo ordinato in un sistema giuridico democratico.

Chi scorra la bibliografia nei primi due o tre anni dopo la guerra, si accorgerà che per la prima volta cominciai a collaborare a giornali, e che i temi trattati riguardano proprio la restaurazione della democrazia nel nostro paese. Per quel che riguarda il tema della pace, il problema allora attualissimo era quello del federalismo europeo, da cui ci si aspettava la fine della piú che secolare guerra civile europea. La patria ideale, cui guardava un socialista liberale come ero diventato negli ambienti antifascisti che avevo frequentato, era l'Inghilterra. Scopersi, e non ho mai piú dimenticato, per quel che riguarda la teoria della democrazia i due volumi di Popper, *The Open Society and its Enemies*, apparso nel 1945, di cui parlai per la prima volta in Italia[1]. Per quel che riguarda il federalismo, scopersi gli scrittori inglesi che avevano fatto varie proposte di superamento della Società delle Nazioni e per la costituzione di un sistema federale internazionale, come, tanto per citare tra i piú noti, Lord Lothian, anche se l'autore che mi aveva meglio fatto capire il problema era Lionel Robbins, di cui l'editore Einaudi aveva pubblicato nel 1944, durante la guerra, il prezioso libretto, *Le cause economiche della guerra*. Parlo di «scoperte», perché ero giunto ad affrontare il compito del democratico e del pacifista militante, partendo dallo stato di ignoranza in cui ci aveva lasciato il fascismo.

Non è certo il caso di esporre altri particolari. Dell'uno e dell'altro problema mi sono occupato continuamente e saltuariamente. Ho accennato al punto di partenza. Il punto di arrivo fu per il primo problema *Il futuro della democrazia* del 1984; per il secondo, *Il problema della guerra e le vie della pace* del 1979. Forse piú che un punto d'arrivo, una sosta, che mi avrebbe consentito di riprendere la strada, se pure a piccoli passi, sempre all'interno dello stesso paesaggio, la cui esplorazione non ha cessato di offrirmi nuove sorprese. Rispetto al tema dei diritti dell'uomo, di cui mi occupai molto piú tardi, co-

[1] Ora in N. Bobbio, *Tra due repubbliche. Alle origini della democrazia italiana* cit., pp. 87-97.

me ho detto, il punto di arrivo è *L'età dei diritti* apparso nel 1990, che mi piace considerare l'ultima sezione della mia trilogia.

Il nuovo nemico da affrontare, all'inizio della guerra fredda era il comunismo. Ma in un paese come l'Italia dove si era formato, attraverso una coraggiosa ed estesa partecipazione alla Resistenza, un forte partito comunista, che aveva dato un leale contributo alla elaborazione della nuova Costituzione repubblicana, il problema doveva essere affrontato non con la critica delle armi ma con le armi della critica, nello spirito del dialogo, non in quello della crociata, allo scopo di conquistare i suoi militanti definitivamente alla democrazia. Cosí fu che la difesa della democrazia procedette in quegli anni di pari passo con la mia partecipazione al dibattito pro e contro l'Unione Sovietica. A cominciare dall'inizio degli anni Cinquanta scrissi alcuni saggi in civile dialogo con alcuni intellettuali comunisti, che stimavo per la loro serietà di studiosi e per la loro onestà intellettuale, allo scopo di persuaderli dell'errore in cui la loro ammirazione incondizionata per il paese del socialismo li aveva fatti cadere: l'errore di interpretare i diritti di libertà come «diritti borghesi», di cui lo Stato proletario, se mai si fosse instaurato attraverso la loro conquista del potere, avrebbe potuto fare a meno. Questi saggi furono raccolti nel 1955 in un volume *Politica e cultura* da allora piú volte ristampato. La notorietà del libro dipese anche dal fatto che alla fine del dibattito durato alcuni anni intervenne garbatamente lo stesso Togliatti.

Vent'anni dopo, quando ormai era chiaro che la democrazia italiana, sempre governata dallo stesso partito, aveva bisogno di una svolta che non poteva venire se non da rapporti meno antagonistici con il partito comunista, affrontai il tema non piú dei diritti di libertà, che dopo anni di pratica democratica non erano messi in discussione, ma quello ben piú ampio della teoria generale dello Stato democratico e delle sue regole. Il dibattito si svolse intorno al tema: «Esiste una teoria marxista dello Stato che possa valere come modello contrapposto alla democrazia dei moderni?» La mia risposta nettamente negativa suscitò un ampio dibattito. Sostenevo che Marx non si era molto preoccupato di prevedere quali dovessero essere le regole per dar vita a uno Stato «col volto umano», come si diceva allora, perché lo Stato in quanto tale era destinato a scomparire. Siccome lo Stato non era scomparso e non sembrava destinato a scomparire nel prossimo futuro, il problema era ancora una volta: «Quale Stato?» Esisteva un'alternativa accettabile alla democrazia rappresentativa? Dal dibattito nacque un libro apparso nel 1976, intitolato *Quale socialismo?* In esso constatavo con una certa soddisfazione che la distanza con gli antichi interlocutori era diminuita. Questo libro è il secondo della mia trilogia di scritti di polemica politica, di cui il terzo, su cui non intendo soffermarmi, perché se ne è parlato sin troppo, è *Destra e sinistra* del 1994.

Non vorrei dare l'impressione di essere stato per la maggior parte della mia vita un «intellettuale militante», come suona il titolo di un libro che un giovane studioso ha dedicato alla mia opera. Dopo i primi articoli scritti su un giornale torinese del Partito d'Azione, durato pochi mesi, tra il 1945 e il 1946[2], ricominciai a collaborare con una certa assiduità a un giornale quotidiano di grande diffusione, «La Stampa» di Torino, solo dopo trent'anni alla fine del 1976, quando ero vicino ai settant'anni ed ero prossimo ad andare in pensione come

[2] Ora nel volume *Tra due repubbliche* cit.

professore. E ora che ne sono passati altri venti, considero la parabola finita.

Fui candidato una sola volta alle elezioni politiche nella primavera del 1946 per la formazione dell'Assemblea Costituente che avrebbe dato vita alla Costituzione repubblicana che continua a sopravvivere se pure malmenata e vituperata. Candidato sconfitto, in quanto membro del Parito d'Azione, partito di intellettuali senza radici nella società civile, che, nato per combattere, anche militarmente, il fascismo e il nazismo suo alleato, e, caduto il fascismo, perdette la propria ragione di esistere, non ebbi né la voglia né l'incoraggiamento per ritentare la prova. Quando fui nominato senatore a vita dal presidente Pertini nel 1984, ero ormai vecchio. Ho sempre considerato il Senato piú che come una sede di dibattiti politici come un teatro di cui sono stato piú uno spettatore curioso che un attore.

Dopo il 1948 tornai a fare esclusivamente l'insegnante di filosofia del diritto, come avevo fatto negli ultimi anni del regime fascista, conducendo una vita piuttosto monotona in cui non è avvenuto niente, tranne che nella vita privata, che valga la pena di essere raccontato. L'unico cambiamento in tutti questi anni fu nel 1972 il passaggio dall'insegnamento della filosofia del diritto nella Facoltà di Giurisprudenza a quello della filosofia della politica nella Facoltà di Scienze Politiche, allora istituita. Il passaggio dall'uno all'altro insegnamento fu preparato e facilitato dall'aver tenuto per una decina d'anni un corso di scienza politica, disciplina che aveva avuto vecchie radici nella nostra Università dove aveva insegnato Gaetano Mosca, autore di quegli *Elementi di scienza politica*, apparsi alla fine del secolo che segnano la nascita della scienza politica in Italia. Come mai avevo avuto quell'incarico? L'unica risposta è che il filosofo del diritto, essendo specialista di nulla, è spesso autorizzato, a differenza dei colleghi giuristi, a occuparsi di tutto. Negli anni di quell'insegnamento mi dedicai allo studio non solo di Mosca ma anche di Pareto e di altri minori. Ne nacque il libro *Saggi sulla scienza politica in Italia*, apparso nel 1969, di cui è uscita una nuova edizione riveduta e accresciuta in questi giorni[3].

Credo di non peccare di presunzione se dico che l'aver coltivato studi giuridici e politici mi ha consentito di guardare ai mille complicati problemi dell'umana convivenza da due punti di vista che si integrano a vicenda. Ho notato spesso che, almeno in Italia, giuristi costituzionalisti e politologi che si occupano dello stesso tema, lo Stato, spesso si ignorano. Lo stesso accade nel rapporto fra giuristi internazionalisti e studiosi di relazioni internazionali nell'analisi del sistema degli Stati. I due punti di vista sono, da un lato, quello delle regole o delle norme, come i giuristi preferiscono dire, la cui osservanza è necessaria perché la società sia ben ordinata, e, dall'altro, quello dei poteri altrettanto necessari perché le regole o norme siano imposte e, una volta imposte, osservate. La filosofia del diritto si occupa delle prime, la filosofia politica delle seconde. Diritto e potere sono due facce della stessa medaglia. Una società bene ordinata ha bisogno delle une e degli altri. Là dove il diritto è impotente la società rischia di precipitare nell'anarchia; là dove il potere non è controllato, corre il rischio opposto del dispotismo. Il modello ideale dell'incontro fra diritto e potere è lo Stato democratico di diritto, cioè lo Stato in cui attraverso le leggi fondamentali, non vi è potere dal piú alto al piú basso che non sia sottoposto a norme, non sia regolato dal diritto, e in cui, nello

[3] N. Bobbio, *Saggi sulla scienza politica in Italia*, Nuova edizione accresciuta, Laterza, Bari 1996.

stesso tempo, la legittimità dell'intero sistema di norme deriva in ultima istanza dal consenso attivo dei cittadini. Accade soprattutto nello Stato democratico di diritto che filosofia giuridica e filosofia politica debbano stabilire tra loro fecondi rapporti di collaborazione, dando origine a quell'agire politico che a tutti i livelli deve svolgersi nei limiti di norme stabilite, e queste stesse norme possono essere continuamente sottoposte a revisione attraverso l'agire politico, promosso da piú diversi centri di formazione dell'opinione pubblica, siano gruppi d'interesse, associazioni, liberi movimenti di riforma e di resistenza.

Per quanto riguarda questa duplice analisi, i miei costanti punti di riferimento, gli autori che mi hanno sempre accompagnato, assistito e sorretto nei miei studi, sono stati Kelsen e Weber. Pur partendo da due punti di vista diversi, Kelsen dalle norme e dal diritto come ordinamento di norme, Weber dal potere e dalle varie forme di potere, i due autori hanno finito per incontrarsi pur facendo cammino opposto: Kelsen dalla validità formale delle norme alla effettività, attraverso le varie forme di potere degradanti dall'alto al basso, Weber, invece, dal potere di fatto alle varie forme di potere legittimo. La norma ha bisogno del potere per diventare effettiva, e il potere di fatto ha bisogno dell'obbedienza continuata al comando e alle regole che ne derivano per diventare legittimo. Per Kelsen solo il potere legittimo è effettivo; per Weber il potere è legittimo quando è anche effettivo. Potere e legittimità si rincorrono. Il potere diventa legittimo attraverso il diritto mentre il diritto diventa effettivo attraverso il potere. Quando l'uno e l'altro si separano, ci troviamo di fronte ai due estremi, da cui qualsiasi convivenza ordinata deve rifuggire, del diritto impotente e del potere arbitrario.

Questa scissione è oggi ancora visibile in quel sistema giuridico imperfetto che è il sistema internazionale, dove esiste un ordinamento giuridico universale degli Stati, che non ha tanto potere per rendere effettive le proprie norme, e di conseguenza i soggetti del sistema, gli Stati, agiscono, per riprendere la celebre definizione che Montesquieu dà delle varie forme di governo dispotico, «senza leggi né freni». Sono tornato piú volte sul tema nei miei scritti sulla questione internazionale, dove il problema della pace e quello della democrazia si collegano l'uno con l'altro. Nella preferenza da me data al pacifismo istituzionale o giuridico rispetto a quello etico o religioso non ho potuto fare a meno, da un lato, di sottolineare l'impotenza dell'Onu, che richiede un rafforzamento dei mezzi di coercizione, e dall'altro, di sostenere che il maggior potere debba procedere di pari passo con un avanzamento nel processo di democratizzazione. Per riprendere il titolo del libro di cui ho già parlato, "il futuro della democrazia", posto che la democrazia abbia un futuro, dipende dal duplice processo di democratizzazione sia dei singoli Stati, che in maggioranza non sono democratici, sia della stessa organizzazione degli Stati che si regge ancora in ultimissima istanza sul diritto di veto di alcune grandi potenze.

Non posso chiudere questa ricapitolazione finale di chi ha esercitato per piú di sessant'anni, smisuratamente lo riconosco, il «mestiere di scrivere», senza fare un cenno delle molte pagine che ho dedicato al problema degli intellettuali, alla cui categoria spesso piú vilipesa che onorata, di fatto appartengo, e sulle virtú e sui difetti della quale mi è accaduto spesso di riflettere. Mi sono attribuito a torto o a ragione la funzione dell'intellettuale mediatore, coincidendo tutta intera la mia vita col «secolo breve», percorso da contrasti di una violenza inaudita. Da questa vocazione a mettermi «e di qua e di là» sono derivati i miei «ossimori» che mi sono stati amichevolmente fatti notare, come liberalismo e socialismo, illuminismo e pessimismo, tolleranza e intransigenza, e altri ancora[4]. I miei scritti sul tema sono stati raccolti in un volume intitolato *Il dubbio e la scelta* (1993), che rispecchia il contrasto che ho sempre vissuto in un perenne stato di «coscienza infelice», fra l'uomo politico, che è costretto a prendere decisioni e per decidere deve fare delle scelte, e l'intellettuale che può permettersi di analizzare pacatamente i pro e i contro di una questione e terminare la sua analisi con un punto interrogativo. Non avrebbe torto chi mi facesse notare, oltre gli ossimori, anche numerosi miei scritti che terminano, anziché con una risposta alla domanda, con un'altra domanda: Quale socialismo? Quale pacifismo? Quale democrazia? e, perché no?, quale intellettuale? Chi volesse una risposta a quest'ultima domanda rinvio alla storia degli intellettuali italiani di questo secolo, cui ho dedicato un libro cui sono particolarmente affezionato, il *Profilo ideologico del Novecento*, uscito in edizione definitiva nel 1990, e del quale ho avuto la soddisfazione di ricevere recentemente la traduzione inglese (1995). Amante delle simmetrie come sono, mi sarebbe piaciuto presentarvi anche una trilogia sul tema degli intellettuali, ma almeno sinora i libri sull'argomento sono soltanto due.

Idealmente mi sono ispirato al celebre libro di Julien Benda, *La trahison des clercs*, che ho citato non so quante volte. Benda diceva: «Non ho voluto salvare nei miei scritti il mondo ma solo l'onore del chierico». Il suo pensiero si rivolgeva con riconoscenza a quei «quaranta giu-

[4] Sviluppo piú ampiamente questo tema nel capitolo 8. *Risposta ai critici*, pp. 152-54.

sti», di cui si diceva nella leggenda, «avevano impedito al re barbaro sul letto di morte di dormire in pace».

La mia ammirazione è sempre andata ai chierici che non hanno tradito, ai quali ho dedicato, in questo caso ancora una volta con pieno rispetto della mia passione trilogica, tre libri di testimonianza: *Italia civile* (1964), *Maestri e compagni* (1984), *Italia fedele* (1986). Sono i tre libri che desidererei mi sopravvivessero perché tramandano a coloro che verranno una testimonianza, come ho scritto nella prefazione di *Maestri e compagni* di uomini che appartengono a quella minoranza di nobili spiriti che hanno difeso alcuni sino al sacrificio della vita in anni durissimi la libertà contro la tirannia.

A chi un giorno mi chiedeva con quale brano di uno dei miei scritti amerei definirmi, indicai la conclusione della prefazione di *Italia civile*: «Dalla osservazione della irriducibilità delle credenze ultime ho tratto la piú grande lezione della mia vita. Ho imparato a rispettare le idee altrui, ad arrestarmi davanti al segreto di ogni coscienza, a capire prima di discutere, a discutere prima di condannare. E poiché sono in vena di confessioni, ne faccio ancora una, forse superflua: detesto i fanatici con tutta l'anima»[5].

[5] *Italia civile*, Lacaita, Manduria-Bari-Perugia 1964, pp. 7-8; Passigli, Firenze 1986, pp. 11-12.

Appendice
a cura di Pietro Polito

Nota ai testi

De senectute è il discorso, tenuto il 5 maggio 1994 all'Università degli studi di Sassari, per il conferimento della laurea honoris causa in Scienze politiche. La *Lectio magistralis* di Bobbio segue al saluto del magnifico rettore dell'Università di Sassari, Giovanni Palmieri, e alla prolusione *Un esempio da imitare*, svolta da Virgilio Mura. I testi sono stati ristampati nel fascicolo: Università degli Studi di Sassari. Facoltà di Scienze Politiche, *Conferimento della Laurea «Honoris Causa» in Scienze Politiche a Norberto Bobbio*, Sassari, 5 maggio 1994. Il discorso di Bobbio è alle pp. 19-30. La seconda parte, inedita, è stata composta per questa edizione.

Elogio dal Piemonte corrisponde a *La cultura a Torino nei primi anni del secolo*, relazione svolta al Convegno *Piemonte e letteratura nel '900*, tenutosi a San Salvatore Monferrato nei giorni 19-20-21 ottobre 1979. Cfr. il volume *Atti del convegno «Piemonte e letteratura nel '900»*, pubblicato per conto del Comune di San Salvatore Monferrato e della Cassa di Risparmio di Alessandria, a cura di *multimedia - editing / grafica*, Genova 1980. Il testo di Bobbio si trova alle pp. 1-13.

L'ultima seduta corrisponde al discorso pronunciato il 18 ottobre 1984 al Consiglio della Facoltà di Scienze Politiche, riunitosi con Bobbio per festeggiare il suo 75° compleanno, la sua nomina a professore emerito e per ricordare i suoi cinquant'anni di insegnamento universitario. Si veda *Discorso di ringraziamento di Norberto Bobbio*, in Dipartimento di studi politici. Università degli studi di Torino, *A Norberto Bobbio la Facoltà di Scienze Politiche*, Università di Torino, Dipartimento di studi politici, Torino 1986, pp. 23-27. Aperto da una *Premessa* di l.b. [Luigi Bonanate], il volumetto comprende il *Saluto del Rettore dell'Università degli Studi di Torino*, Mario Umberto Dianzani, la relazione di Luigi Bonanate su *Norberto Bobbio professore*, presentata l'11 giugno 1984 al Consiglio della Facoltà di Scienze Politiche; i discorsi del preside della Facoltà, Gian Mario Bravo e di Luigi Bonanate, pronunciati al Consiglio del 18 ottobre dello stesso anno, durante il quale venne presentata a Bobbio la prima edizione della bibliografia dei suoi scritti; oltre alla «Testimonianza di Angelo Giannone a nome del Personale della Facoltà di Scienze Politiche e dell'Istituto "Gioele Solari"». Inoltre, vengono ripubblicati *Le Facoltà di Scienze politiche* (1956) e *Gli studi politici e sociali nell'Università italiana, oggi* (1972), due scritti, dai quali emerge l'attenzione da Bobbio sempre prestata ai problemi delle Facoltà di Scienze Politiche, nonché, a cura di Michelangelo Bovero, i programmi dei corsi tenuti da Bobbio tra il 1972-73 e il 1978-79, quale titolare della cattedra di Filosofia della politica.

Per una bibliografia è la *Prefazione* al volume *Norberto Bobbio: 50 anni di studi. Bibliografia degli scritti 1934-1983*, a cura di Carlo Violi. *Bibliografia di scritti su Norberto Bobbio*. Appendice a cura di Bruno Maiorca, Franco Angeli, Milano 1984, pp. 9-19, pubblicato nella collana «Gioele Solari» del Dipartimento di studi politici dell'Università di Torino, con la collaborazione del Centro studi di Scienza politica Paolo Farneti. A distanza di dieci anni, con l'aggiunta di note di aggiornamento, la *Prefazione* è stata ristampata in *Bibliografia degli scritti di Norberto Bobbio 1934-1993*, a cura di C. Violi, Gius. Laterza & Figli, [settembre] 1995, pp. XXI-XXXI.

Congedo è il discorso pronunciato a Torino il 20 ottobre 1984 a conclusione del convegno «Per una teoria generale della politica», dedicato a Bobbio in occasione del suo 75° compleanno, svoltosi a Torino dal 18 al 20 ottobre 1984 e inaugurato nell'Aula magna dell'Ateneo torinese. Bobbio risponde alle sollecitazioni venute dai discorsi di Luigi Bonanate, *Un labirinto in forma di cerchi concentrici, ovvero guerra e pace nel pensiero di Norberto Bobbio*; Pietro Rossi, *Max Weber e la teoria della politica*; Claudio Cesa, *La lezione politica di Hegel*; Umberto Cerroni, *Società e stato*; Eugenio Garin, *Politica e cultura*; Remo Bodei, *Riforme e rivoluzione*; Nicola Matteucci, *Democrazia e autocrazia nel pensiero di Norberto Bobbio*; Salvatore Veca, *Socialismo e liberalismo*; Gianfranco Pasquino, *«Crisi permanente» e sistema politico: una ricostruzione del pensiero politologico di Norberto Bobbio*; Michelangelo Bovero, *Antichi e moderni. Norberto Bobbio e la «lezione dei classici»*; Luigi Firpo, *La formazione dello stato moderno*; Alessandro Pizzorno, *Pluralismo e movimenti di libertà* (i discorsi di Firpo e Pizzorno non sono compresi negli atti del convegno). Cfr. il volume *Per una teoria generale della politica. Scritti dedicati a Norberto Bobbio*, a cura di L. Bonanate e M. Bovero, Passigli, Firenze 1986, pp. 241-53 («Testi e pretesti», 1), dove non viene ripresa la struttura del convegno che era stato organizzato sulla base di tre sezioni: «I classici» (relazioni di Firpo, Cesa, Rossi, Bovero); «Temi ricorrenti» (relazioni di Cerroni, Garin, Matteucci, Bodei); «Problemi del presente» (relazioni di Pasquino, Veca, Pizzorno, Bonanate). Il discorso di Bobbio si trova alle pp. 243-53. Con il titolo *Ricapitolazione della mia vita*, è stato ristampato in Aa.Vv., *Cultura laica e impegno civile. Contributi per i quarant'anni di Piero Lacaita editore*, a cura di Gaetano Quagliariello, prefazione di Giovanni Spadolini, Lacaita, Manduria 1991, vol. II, pp. 691-700.

Politica della cultura è il ringraziamento, seguito ai discorsi della signora Michelle Campagnolo Bouvier, del presidente della Società Europea di Cultura, Vincenzo Cappelletti, del direttore di «Comprendre», Giuseppe Galasso, del primo vicedirettore della SEC, Arrigo Levi, e pronunciato durante la manifestazione svoltasi a Roma, il 16 marzo 1989, per il conferimento del premio internazionale della SEC. Pubblicato, con il titolo *La risposta*, in Aa.Vv., *La société Européenne de*

Culture e l'Enciclopedia Italiana. A Norberto Bobbio per il 18 ottobre 1989, Istituto dell'Enciclopedia Italiana, Roma 1989, pp. 17-22. In appendice, viene pubblicato per la prima volta l'intervento di Bobbio, *Quale funzione ha avuto per me la SEC*, alla V Assemblea, tenutasi a Bruxelles nel 1955.

Le riflessioni di un ottuagenario è il discorso pronunciato alla manifestazione per l'ottantesimo compleanno di Bobbio, tenutasi a Torino il 18 ottobre 1989 nell'Aula magna dell'università. Pubblicato in «Notiziario», VI, n. 6, novembre 1989. Il fascicolo comprende il *Saluto del Preside della Facoltà di Scienze Politiche*, Gian Mario Bravo, il *Saluto del Rettore*, Mario Umberto Dianzani, il *Discorso per l'ottantesimo compleanno di Norberto Bobbio*, pronunciato da Luigi Bonanate, il discorso su *Bobbio e Hobbes*, di Michelangelo Bovero, il discorso *Per gli ottant'anni di Bobbio. Ricordi di un amico*, di Renato Treves, il *Saluto del Presidente del Senato*, Giovanni Spadolini. Il discorso di Bobbio si trova alle pp. 22-24. Le pp. 23-24 sono state ristampate, con il titolo «*Sí sono stato fortunato, mio malgrado*», «La Stampa», a. 123, n. 239, giovedí 19 ottobre 1989, «Società e cultura», p. 3, e, con il titolo *Il mio grazie ad amici e colleghi*, «Nuova Antologia», a. 124, vol. 562, fasc. 2172, ottobre-dicembre 1989, pp. 207-9. Il testo integrale, con il titolo *Congedo*, si trova anche in Aa.Vv., *Cultura laica e impegno civile. Contributi per i quarant'anni di Piero Lacaita Editore*, a cura di Gaetano Quagliariello, prefazione di Giovanni Spadolini, Lacaita, Manduria 1991, vol. II, pp. 691-700. Trad. spagnola dell'intero fascicolo del «Notiziario», con il titolo *Homenaje a Norberto Bobbio*, «Anuario de Filosofía Juridíca y Social», Edeval, Valparaíso 1991. L'intervento di Bobbio, tradotto in spagnolo con il titolo *Las réplicas de un octogenario*, si trova alle pp. 243-47.

Autobiografia intellettuale è l'intervento conclusivo alle giornate di studio dedicate a «La figura y el pensamiento de Norberto Bobbio», Santander, Palacio de Magdalena, 20-24 luglio 1992, organizzate dall'Università internazionale

Menéndez y Pelayo e dirette da Gregorio Peces-Barba Martínez. Cfr. il volume degli atti delle giornate *La figura y el pensamiento de Norberto Bobbio*, Edición de Angel Llamas, presso l'Instituto de derechos humanos Bartolomé de Las Casas e l'Universidad Carlos III de Madrid, Imprenta Nacional del Boletín Oficial del Estado, 1994. Il discorso di Bobbio, con il titolo, *Autobiografía intellectual*, traduzione a cura di Andrea Greppi, si trova alle pp. 11-24. Con lo stesso titolo, si trova in *Bibliografia degli scritti di Norberto Bobbio. 1934-1993*, a cura di Carlo Violi, Gius. Laterza & Figli, Roma-Bari 1995, pp. v-xix e in «Nuova Antologia», a. 127, vol. 556, fasc. 2184, ottobre-dicembre 1992, pp. 53-65. Ampi stralci sono anticipati, con il titolo *Vi parlo di Bobbio*, «La Stampa», a. 126, n. 201, venerdí 24 luglio 1992, «Società e Cultura», p. 17, e con il titolo *L'ombra lunga della vita*, «Il Messaggero», a. 114, n. 350, martedí 22 dicembre 1992, p. 21. Trad. castigliana, con il titolo *Autobiografía intellectual*, «Babelia», n. 58, sabado 21 noviembre de 1992, pp. 4-6.

Risposta ai critici è il testo redatto dopo la lettura delle relazioni svolte alle giornate di studio dedicate a «La figura y el pensamiento de Norberto Bobbio». Pubblicato con il titolo *Epílogo para españoles*, traduzione a cura di Andrea Greppi, nel già citato volume degli atti «La figura y el pensamiento de Norberto Bobbio», alle pp. 311-18. Bobbio discute le relazioni dedicate alla sua persona e alla sua opera: Gregorio Peces-Barba Martínez, *La figura y el pensamiento de Norberto Bobbio*; Giulio Einaudi, *Norberto Bobbio. El testimonio de un contemporáneo*; Alfonso Ruiz Miguel, *Bobbio: las paradojas de un pensamiento en tensión*; alla teoria del diritto: Riccardo Guastini, *Introducción a la teoría del derecho de Norberto Bobbio*; Luis Prieto Sanchís, *La sombra del poder sobre el derecho de Norberto Bobbio. Algunas observaciones a proposito de la teoría del derecho de Norberto Bobbio*; Alberto Calsamiglia, *Kelsen y Bobbio. Una lectura antikelseniana de Bobbio*; Enrico Pattaro, *Norberto Bobbio y Al Ross: comparaciòn entre dos teorias de la ciencia juridíca*; ai diritti dell'uomo: Antonio Enrique Pérez Luño, *Los derechos en la obra de Norberto Bobbio*; Rafael de Asís Roig, *Bobbio y los derechos humanos*; alla filosofia politica: Michelangelo Bovero, *Bobbio y la filosofía política*, Eusebio Fernández, *Etica y política. Sobre la necesidad, decadencia y grandeza del gobierno de las leyes*; Elias Diaz, *Norberto Bobbio: base realistas para el socialismo democrático*; Liborio L. Hierro, *Ross y Bobbio sobre la democracía. El racionalismo de dos emotivistas*; alla sua fortuna in Spagna e in America Latina: Javier de Lucas, *La influencia de Bobbio en España*, Augustín Squella Narducci, *La influencia de Bobbio en iberoamerica*. Con il titolo *Riflessioni autobiografiche*, si trova in «Nuova Antologia», a. 128, vol. 569, fasc. 2185, gennaio-marzo 1993, pp. 47-55.

Diritto e potere corrisponde alla *Sintesi panoramica*, presentata in occasione della cerimonia solenne per la proclamazione dei Premi Balzan 1994, svoltasi a Roma, nella sede dell'Accademia Nazionale dei Lincei, il 16 novembre 1994, alla presenza del presidente della Repubblica, Oscar Luigi Scalfaro. Il premio gli era stato assegnato per il «diritto e scienza delle politiche (governo dei sistemi democratici)». Cfr. Fondazione Internazionale Balzan, *Orientamenti e prospettive dei Premi Balzan 1994*, pp. 35-40. Nella stessa occasione, Bobbio pronunciò un discorso di ringraziamento pubblicato in Fondazione Internazionale Balzan, *Cerimonia per la proclamazione dei Premi Balzan 1994*, pp. 33-37. Rist., come *Nota all'edizione 1995*, in N. Bobbio, *Il futuro della democrazia*, Einaudi, Torino [aprile] 1995, pp. VII-X. («Einaudi Tascabili. Saggi», 281).

Un bilancio è il discorso presentato a Madrid, il 6 giugno 1996, per il conferimento della Laurea honoris causa dell'Università Autonoma. Inedito. Il discorso di Bobbio segue la *laudatio* di Elias Diaz.

Nota biografica

1909

Nasce a Torino, figlio di Luigi, medico-chirurgo, e Rosa Caviglia, entrambi originari della provincia di Alessandria.

1919-1927

Studia al Ginnasio e poi al Liceo Massimo d'Azeglio di Torino, allievo di Umberto Cosmo, Zino Zini, Arturo Segre; fra i suoi compagni di classe Leone Ginzburg e Giorgio Agosti; fra i coetanei liceali Cesare Pavese e Massimo Mila.

1927-1931

Studente di Giurisprudenza all'Università di Torino, ha come maestri Luigi Einaudi, Francesco Ruffini, Gioele Solari, col quale nel 1931 si laurea in Filosofia del diritto, discutendo una tesi su «Filosofia del diritto e scienza del diritto». Il maestro Solari lo aveva già guidato, nel primo anno di università (1927-28), in una ricerca sul pensiero politico di Francesco Guicciardini.

1932-1933

Insieme con Ludovico Geymonat e con Renato Treves, nel 1932 compie un viaggio di studio in Germania, dove segue un corso estivo all'Università di Marburg.

Nel luglio 1933 si laurea in Filosofia, sempre a Torino, con una tesi su «Husserl e la fenomenologia», relatore Annibale Pastore.

1934-1938

Nel marzo 1934 consegue la libera docenza in Filosofia del diritto. A partire dal dicembre 1935 gli viene conferito l'incarico d'insegnamento della filosofia del diritto presso la Facoltà di Giurisprudenza dell'Università di Camerino, incarico che tiene fino alla fine del 1937-38.

Comincia nel 1934 la «bibliografia accademica» di Bobbio, con il saggio *Aspetti della filosofia giuridica in Germania (F. Kaufmann e Schreier)*, pubblicato nella «Rivista internazionale di filosofia del diritto», e con il suo primo libro *L'indirizzo fenomenologico nella filosofia sociale e giuridica*, pubblicato nelle Memorie dell'Istituto giuridico della R. Università di Torino. Si profilano alcuni dei suoi interessi futuri: per la filosofia del diritto, la filosofia contemporanea, i problemi sociali.

Il 15 maggio 1935 è arrestato a Torino, insieme agli amici del gruppo di «Giustizia e Libertà», Pavese, Mila, Vittorio Foa, Giulio Einaudi, Antonicelli. Nello stesso anno diventa redattore della «Rivista di Filosofia», diretta da Piero Martinetti.

In questo periodo si dedica allo studio dell'interpretazione del diritto, in specie del ragionamento per analogia. Pubblica nelle «Memorie dell'Istituto giuridico dell'Università di Torino» una monografia su *L'analogia nella logica del diritto* che esce nel 1938. Si occupa anche della filosofia tedesca del '900, con particolare riguardo alla fenomenologia di Husserl e di Max Scheler. Con questi ed altri scritti si presenta al concorso per una cattedra di Filosofia del diritto alla fine del 1938, ed è dichiarato primo e unico vincitore.

1939-1942

Il 1° gennaio 1939, è chiamato all'Università di Siena, successore di Felice Battaglia. A Siena ha inizio la sua carriera come professore straordinario di ruolo; nell'ultimo anno è direttore del «Circolo giuridico», la biblioteca di facoltà. Durante il periodo senese si occupa prevalentemente dell'edizione critica della *Città del Sole* di Campanella, che vedrà la luce da Einaudi nel 1941. Fin dall'inizio, si manifestano sia la costante attenzione per la «lezione dei classici» sia la tendenza ad affiancare studi di filosofia del diritto a studi di filosofia politica, studi di teoria a studi di storia. Al 1941 risale la consuetudine di concludere i corsi con la pubblicazione di dispense universitarie ad uso degli studenti.

Dopo avere trascorso due anni a Siena, viene chiamato dall'Università di Padova alla fine del 1940. Il 1° gennaio 1942 matura la nomina a professore ordinario.

In ottobre aderisce al Partito d'Azione clandestino, dopo essere entrato nel movimento liberalsocialista, nato all'ombra della Scuola Normale Superiore di Pisa e fondato da Guido Calogero e Aldo Capitini.

1943-1944

Il 28 aprile 1943 sposa Valeria Cova.

Il 6 dicembre è arrestato a Padova per attività clandestina e rimane in carcere agli Scalzi di Verona fino alla fine del febbraio '44.

Il 16 marzo nasce il figlio Luigi.

Dal 1940 al 1948 insegna a Padova, salvo il 1943-44 che trascorre in gran parte a Torino, impegnato nell'attività politica clandestina come membro del Partito d'azione, e il 1944-45, durante il quale svolge un corso di Filosofia del diritto presso l'Università di Torino come supplente di Gioele Solari, andato a riposo quell'anno. Nel 1944 pubblica *La filosofia del decadentismo*. Di questo libro è stata fatta la prima traduzione in castigliano in Messico presso il Fondo de Cultura Economica nel 1946. Collabora a «L'Ora dell'Azione», giornale clandestino, organo del Fronte degli intellettuali, dove nel settembre scrive il primo articolo politico.

1945

Subito dopo la Liberazione, dall'aprile del '45 all'autunno del '46, inizia una vera e propria attività di giornalista politico, collaborando a «Giustizia e Libertà», quotidiano torinese del Partito d'Azione, diretto da Franco Venturi. Scrive anche su «Lo Stato Moderno», rivista di critica politica, economica e sociale, diretta da Mario Paggi.

Pubblica una antologia di scritti di Carlo Cattaneo, col titolo *Stati uniti d'Italia*, premettendovi uno studio, scritto tra la primavera del 1944 e quella del 1945.

Nel novembre-dicembre 1945 compie un viaggio di studio in Inghilterra insieme con una delegazione di professori italiani.

1946-1947

Alle elezioni del '46 per l'Assemblea costituente, è candidato per il Partito d'azione nella circoscrizione elettorale di Padova, Rovigo, Vicenza e Verona, e non è eletto.

Col saggio *Società chiusa e società aperta* in cui presenta il libro di Karl Popper, allora uscito, *The Open Society and its Enemies*, inizia a collaborare alla rivista «Il Ponte», fondata e diretta da Piero Calamandrei. Di quest'anno è il primo studio politologico, *I partiti politici in Inghilterra*. All'Università di Padova, dove allora insegnava, tiene la prima prolusione all'anno accademico nell'Università liberata, sul tema *La persona e lo stato*.

Partecipa all'attività del Centro di studi metodologici, nato per iniziativa di Ludovico Geymonat e di alcuni suoi amici matematici, fisici, biologi, (Eugenio Frola, Piero Buzano, Prospero Nuvoli, Enrico Persico, Cesare Codegone), cui si aggiungono il filosofo Nicola Abbagnano e il filosofo del diritto Bruno Leoni, con lo scopo ambizioso di una «nuova» cultura che superasse la distinzione tradizionale tra cultura scientifica e cultura umanistica.

Il 24 febbraio 1946 nasce il figlio Andrea.

Nel 1947 inizia la collaborazione alla rivista «Comunità», diretta da Adriano Olivetti.

1948

Il 30 marzo è chiamato all'Università di Torino, titolare di Filosofia del diritto fino al 1972. Presso la Facoltà di Giurisprudenza torinese, trascorre la metà dei suoi quasi cinquant'anni d'insegnamento universitario. Tra i suoi corsi di Filosofia del diritto: *Teoria della scienza giuridica* (1950), *Teoria della norma giuridica* (1958); *Teoria dell'ordinamento giuridico* (1960); *Il positivismo giuridico* (1960-61). Svolge anche alcuni corsi storici, su Kant (1957), Locke (1963), sul tema della guerra e della pace (1965).

Nella collana «I Classici della politica» cura l'edizione degli *Elementi filosofici sul cittadino* di Thomas Hobbes, ma il primo incontro con Hobbes risale al 1939, quando recensisce *Der Levhiathan in der Staatslehre des Thomas Hobbes* di Carl Schmitt. Presso Einaudi, cura l'edizione dei *Manoscritti economico-filosofici del 1844* di Karl Marx.

1950

Comincia la collaborazione con la Società Europea di Cultura, fondata a Venezia da Umberto Campagnolo, con lo «scopo di unire uomini di cultura mediante vincoli di solidarietà e di amicizia». Il programma della Società è riassunto nel titolo della sua rivista «Comprendre». «Il termine *Comprendre* esprime ai nostri occhi l'essenziale della cultura. Indica il cammino per cui l'uomo, tramutando i suoi appetiti e i suoi timori nelle forze del progresso, creando le città per proteggere la sua pace e la sua sicurezza, sormontando le crisi che minacciano di ripiombarlo nella sua primitiva miseria, conquista la sua dignità autentica. *Comprendere* è dunque il nostro compito» (Dallo *Statuto della Società europea di cultura*, votato dall'Assemblea costitutiva che si era riunita a Venezia dal 28 maggio al 1° giugno).

1951

Inizia a collaborare a «Occidente», rivista di studi politici, di cui è redattore e a «Comprendre», rivista della Società Europea di cultura, dove il suo primo articolo è *Invito al colloquio*, che aprirà la raccolta di saggi *Politica e cultura* (vedi oltre). Collabora anche a «Nuovi Argomenti» dal 1953; a

«Nuova Antologia» dal 1959; a «Belfagor» dal 1948, oltre «Il Ponte», già ricordato.

Il 5 settembre 1951 nasce il figlio Marco.

1953

È l'anno della prima partecipazione a un convegno internazionale: su invito di Chaim Perelman in agosto interviene al Congresso internazionale di logica giuridica, svoltosi a Bruxelles.

1954

Pubblica il primo saggio su Kelsen, *La teoria pura del diritto e i suoi critici*, apparso in giugno nella «Rivista trimestrale di diritto e procedura civile».

1955

Pubblica presso Einaudi *Politica e cultura*, opera piú volte ristampata, nata dal dibattito con gli intellettuali comunisti sui diritti di libertà.

Pochi mesi dopo fa parte di una delegazione culturale, inviata dal nostro governo in Cina.

Presso Giappichelli escono gli *Studi di teoria generale del diritto*, la prima raccolta di scritti giuridici.

1957

Inizia la partecipazione sia ai colloqui del Centre national de recherche de logique, promossi da Perelman a Bruxelles, sia ai convegni dell'Institut international de philosophie politique. Al primo Congresso promosso dall'Institut international de philosophie politique (Parigi, 22-23 giugno 1957) conosce Kelsen e, in quella occasione, svolge una relazione sul tema «Quelques arguments contre le droit naturel».

1958

In maggio al Congresso di Milano sul tema «L'integrazione delle scienze sociali» svolge la relazione di sintesi, dedicata al tema «Posizione e definizione delle scienze sociali».

1959

Cura presso Le Monnier di Firenze i tre volumi degli *Scritti filosofici* di Carlo Cattaneo per l'edizione nazionale promossa dal Comitato italo-svizzero. In settembre svolge la relazione su «La teoria della classe politica negli scrittori democratici in Italia» al IV Congresso mondiale di sociologia, svoltosi a Stresa.

1962

All'Università di Torino assume l'incarico, che terrà fino al 1971, di insegnare la Scienza politica.

1964

Al «Colloque de philosophie du droit comparé», promosso dalla Internationale Vereinigung für Rechtsphilosophie, svoltosi a Tolosa e dedicato al tema «Droit et nature des choses», su invito di Werner Maihofer svolge una relazione sulla natura delle cose nella dottrina italiana, che appare nello stesso anno sulla «Rivista internazionale di filosofia del diritto».
Esce *Italia civile*, Lacaita, Manduria, che apre la serie degli scritti di testimonianza.

1965

Dall'editore Morano di Napoli esce la raccolta di saggi *Da Hobbes a Marx*. Pubblica una nuova raccolta di saggi di teoria del diritto, *Giusnaturalismo e positivismo giuridico* presso le Edizioni di Comunità.
Presso il Circolo Giuridico dell'Università di Siena esce la prima edizione della *Bibliografia degli scritti di Norberto Bobbio (1934-1964)*, a cura di Carlo Violi.

1966

Al VI Congresso internazionale della «Hegel-Geselschaft», svoltosi a Praga e dedicato alla filosofia del diritto di Hegel, svolge la relazione introduttiva su Hegel e il giusnaturalismo.
Cura gli scritti e discorsi politici di Piero Calamandrei con un saggio introduttivo, presso La Nuova Italia di Firenze.

1967

Apre il Congresso internazionale di filosofia giuridica e politica (Milano-Gardone, 9-13 settembre), con una relazione introduttiva sul tema: «Scienza giuridica tra essere e dover essere».

1968

La contestazione inizia proprio a Torino, dove Bobbio intrattiene un difficile dialogo col movimento studentesco. È nominato dal Ministero della pubblica istruzione membro della Commissione tecnica, composta anche da Arrigo Boldrini dell'Università cattolica di Milano e da Beniamino Andreatta dell'Università di Bologna, che è incaricata di presiedere alla nuova facoltà di sociologia dell'Università di Trento nel passaggio da istituto privato a facoltà statale.

1969

Escono i *Saggi sulla scienza politica in Italia* da Laterza a Bari, contenenti scritti vari su Vilfredo Pareto e Gaetano Mosca.

Esce la prima edizione del *Profilo ideologico del '900*, scritto per sollecitazione di Natalino Sapegno e pubblicato nell'ultimo volume della *Storia della letteratura italiana*, dedicato a *Il Novecento*, presso l'editore Garzanti. Con successive integrazioni e aggiornamenti il *Profilo* è stato pubblicato presso la Cooperativa Libraria Torinese (CLUT) nel 1972; presso Einaudi nel 1986; di nuovo presso Garzanti nella nuova edizione della *Storia della letteratura italiana* nel 1987 e come volume a sé stante nel 1990; infine, per iniziativa della Fondazione Giovanni Agnelli, in edizione inglese nel 1995.

1971

Presso Einaudi pubblica gli scritti su Cattaneo col titolo *Una filosofia militante*.

1972

Si trasferisce nella da poco costituita Facoltà di Scienze Politiche di Torino. Nell'anno accademico 1972-73 tiene il primo corso quale titolare della cattedra di Filosofia della politica, dedicato a «Società civile e stato». Seguiranno i corsi: «I grandi temi della filosofia politica» (1973-74); «Teorie delle forme di governo - I e II (1974-75, 1975-76); «La formazione dello stato moderno nella storia del pensiero politico» (1976-77); «Le teorie politiche che accompagnano la formazione dello stato moderno» (1977-78); «Mutamento politico e rivoluzione» (1978-79). Dal 1973 al 1976 è Preside della Facoltà.

1973

In occasione del trentesimo anniversario della fondazione del Movimento federalista europeo, a Milano, il 21 ottobre pronuncia un discorso su «il federalismo nel dibattito politico e culturale della Resistenza».

1975

Prosegue l'impegno culturale e civile, pubblicando il saggio su «La cultura e il fascismo» nel volume collettaneo *Fascismo e società italiana*, a cura di Guido Quazza. Sulla rivista «Mondoperaio», con l'articolo «Esiste una dottrina marxista dello stato?», apre un dibattito sui rapporti fra democrazia e socialismo.

1976

Da questo dibattito nasce il libro *Quale socialismo?*, pubblicato da Einaudi.

Nel settembre, in occasione di un dibattito sul pluralismo al Festival nazionale de «l'Unità» a Napoli, inizia a collaborare al quotidiano «La Stampa» di Torino. Una scelta di questi articoli sarà raccolta nei volumi *Le ideologie e il potere in crisi* (1981) e *L'utopia capovolta* (1990; 2a ed. 1995); gli articoli sulla pace e la guerra sono compresi in *Il terzo assente* (1989).

Presso l'Utet esce il *Dizionario di politica*, diretto insieme a Nicola Matteucci, cui si aggiunge Gianfranco Pasquino nella seconda edizione, riveduta e ampliata, del 1983.

1977

Dà alle stampe, su sollecitazione di Renato Treves, una nuova raccolta di saggi di teoria del diritto, *Dalla struttura alla funzione. Nuovi studi di teoria del diritto*, Ed. di Comunità

Nello stesso anno esce un libro che si muove tra storia e autobiografia, *Trent'anni di storia della cultura a Torino: 1920-1950*, pubblicazione fuori commercio a cura della Cassa di Risparmio di Torino.

1979

I suoi principali interventi in favore di una «politica per la pace», vengono raccolti nel volume *Il problema della guerra e le vie della pace* (1979).

Il 16 maggio 1979 tiene l'ultima lezione accademica quale titolare dell'insegnamento di Filosofia della politica.

1981-1983

Nel 1981 esce il volume *Studi hegeliani. Diritto, società civile, stato*, Einaudi.

In aprile, alla VI Assemblea nazionale di Amnesty International, svoltasi a Rimini, parla sul tema «Contro la pena di morte», su cui torna nell'ottobre '82, aprendo il convegno «La pena di morte nel mondo», anch'esso promosso da Amnesty International.

Nell'anno accademico 1981-82 tiene come supplente l'insegnamento di Scienza della politica.

In occasione del 75° compleanno, oltre alla bibliografia, esce anche il volume *La teoria generale del diritto. Problemi e tendenze attuali. Studi dedicati a Norberto Bobbio*, a cura di Uberto Scarpelli, Edizioni di Comunità, 1983.

Da Giuffrè, nel 1983, esce *Norberto Bobbio e la teoria generale del diritto. Bibliografia ragionata 1934-1982*, di Patrizia Borsellino.

1984

Il 18 luglio il presidente della Repubblica Sandro Pertini lo nomina senatore a vita in base all'art. 59 della Costituzione, «per altissimi meriti nel campo sociale, scientifico, artistico e letterario».

Il 1° novembre lascia l'Università. L'11 giugno il Consiglio della Facoltà di Scienze Politiche approva all'unanimità la sua nomina a professore emerito. Il 18 ottobre, il medesimo Consiglio festeggia i suoi cinquant'anni di attività scientifica e il 75° compleanno. In questa occasione viene presentato il volume *Norberto Bobbio: 50 anni di studi. Bibliografia degli scritti 1934-1983*, a cura di Carlo Violi, che comprende anche in appendice una bibliografia di scritti su Bobbio, a cura di Bruno Maiorca, pubblicato nella collana «Gioele Solari» del Dipartimento di studi politici dell'Università di Torino, con la collaborazione del Centro studi di Scienza politica Paolo Farneti, presso l'editore Franco Angeli. Nei giorni dal 18 al 20 ottobre si svolge a Torino il Convegno «Per una teoria generale della politica», dedicato al suo pensiero e alla sua opera.

Del 1984 è la prima edizione della raccolta di saggi, *Il futuro della democrazia. Una difesa delle regole del gioco* (Einaudi). Da Passigli, esce *Maestri e compagni*, una nuova raccolta di scritti di testimonianza.

1985

Dà alle stampe da Einaudi *Stato, governo e società*, scritti tratti dalla Enciclopedia Einaudi, coordinati «per una teoria generale della politica».

1986

Esce *Italia fedele: il mondo di Gobetti*, Passigli, Firenze, che prosegue la serie degli scritti di testimonianza.

1989

Da Einaudi, pubblica i saggi su Thomas Hobbes. Il libro viene presentato il 18 ottobre 1989 nell'Aula Magna dell'Università, in occasione del suo ottantesimo compleanno.

Il 16 marzo gli viene conferito il Premio internazionale della Société Européenne de Culture, per il «contributo portato alla promozione della solidarietà fra uomini e popoli per mezzo della politica della cultura».

Presso le edizioni Sonda, esce una nuova raccolta di scritti e discorsi sulla pace e la guerra, intitolata *Il terzo assente*.

1990

Da Feltrinelli pubblica i *Saggi su Gramsci*. Esce una raccolta di scritti sul problema dei diritti dell'uomo, *L'età dei diritti*, Einaudi.

Sempre presso Angeli esce un aggiornamento della bibliografia degli scritti di e su Bobbio, a cura di Carlo Violi e Bruno Maiorca, per gli anni 1984-1987.

1991

A conclusione del conflitto del Golfo, presso Marsilio, pubblica un libretto, intitolato *Una guerra giusta?*, che riassume e commenta un ampio dibattito sull'argomento.

1993

Presso La Nuova Italia Scientifica esce il volume *Il dubbio e la scelta*, che raccoglie i vari saggi scritti in tanti anni sul problema degli intellettuali.

Da Giappichelli esce un volume che raccoglie due corsi universitari, *Teoria della norma giuridica* (1957-1958) e *Teoria dell'ordinamento giuridico* (1959-1960), col titolo *Teoria generale del diritto*.

1994

Il libretto *Destra e sinistra* (Donzelli, Roma) appare per mesi nell'elenco dei best-sellers fra i libri di saggistica ed esce in una nuova edizione riveduta e ampliata con la risposta ai critici nel febbraio 1995. Ancora da Giappichelli, a cura di Riccardo Guastini, esce un'ampia raccolta di scritti vari di teoria del diritto, intitolata *Contributi a un dizionario giuridico*. Alla fine dell'anno, la rivista «Linea d'ombra» pubblica *Elogio della mitezza*, «raccolta di scritti morali».

Il 16 novembre, alla presenza del presidente della Repubblica, Oscar Luigi Scalfaro, gli viene consegnato il Premio Balzan 1994 per il «diritto e scienza delle politiche (governo dei sistemi democratici)».

Tra gli altri riconoscimenti, si segnalano le lauree ad honorem, tra le quali due in Italia, in Giurisprudenza a Bologna (6 aprile 1989) e in Scienze Politiche a Sassari (5 maggio 1994); le altre a Madrid (Università Complutense), Madrid (Università Autonoma), Parigi X (Nanterre), Buenos Aires, Chambéry, Madrid (Università Carlos III).

1995

Presso Laterza esce l'edizione completa della *Bibliografia degli scritti di Norberto Bobbio. 1934-1993*, a cura di Carlo Violi.

Nel mese di aprile riceve il Premio internazionale senatore Giovanni Agnelli per la dimensione etica nelle società contemporanee, e in quella occasione pronuncia un discorso sul rapporto tra progresso scientifico e progresso morale.

1996

In marzo, in occasione dello svolgimento a Torino della Conferenza intergovernativa dell'Unione europea, nell'Aula magna dell'Università pronuncia un «Omaggio a Erasmo», che il 4 settembre del 1506 in questa università ebbe il titolo di dottore in teologia.

In aprile esce una nuova edizione accresciuta dei *Saggi sulla scienza politica in Italia*, Laterza.

In maggio, Donzelli pubblica *Tra due repubbliche. Alle origini della democrazia italiana*, con una nota storica di Tommaso Greco, che raccoglie gli articoli politici composti tra il '45 e il '46 e comprende una riflessione a cinquant'anni dalla fondazione della Repubblica.

Indice dei nomi

Stampato da Elemond s.p.a., Editori Associati
presso lo Stabilimento di Martellago, Venezia

C.L. 13608

Ristampa						Anno			
1	2	3	4	5	6	1996	1997	1998	1999